KB214102

생때같은 자식의 죽음은 한 어머니에게서 빛, 희망, 온기를 앗아 갔다. 그에게 삶은 지연된 죽음일 뿐이다. 어둠의 심연으로 한없이 빠져들면서도 어머니는 실낱같은 희망의 끈을 놓지 않는다. 깨진 마음속에 당신의 집을 지으실 분이 계심을 믿기 때문이다. 하지만 그분의 침묵은 완강하기만 하다. 시인은 눈물을 걷잡지 못하면서도 하나님을 신뢰한다고 말한다. 신뢰가 무너지는 순간, 세상을 살아갈 힘 또한 스러질 것을 잘 알기 때문이다. 빛과 어둠, 희망과 절망 사이에서 바장이다가 시인은 문득 자기의 슬픔이 세상에 만연한 슬픔의 일부임을 깨닫는다. 그렇기에 그는 "하늘을 갈라 빛을 들이시는 새벽별"을 갈망한다. 앤 윔즈는 슬픔 속으로 깊이 들어가 슬픔을 넘어서려 한다. 지금도 자식을 기억하며 위로받기를 거절하는 이 땅의 라헬들에게 일독을 권한다.

김기석 | 청파교회 담임목사

자식 잃은 라헬의 고통은 위로받을 수 있을까? 시편 기자의 고통스러운 탄식의 기도는 응답받았을까? 왜 시편에는 그토록 많은 탄식이 있는 것일까? 저자가 단호하게 말하듯이, 저자 개인의 탄식의 노래를 담은 이 책은 모든 사람을 위한 책이 아니라 "우는 자들과 그 우는 자들과 함께 우는 자들"을 위한 책이다. 시편 역시 모든 사람의 책이 아니라 가난한 자, 탄식하는 자의 노래이다. 세상 곳곳에서 탄식은 그치지 않으며 자식 잃은 부모의 괴로움도 계속된다. 이 책은 불공평한 세상, 하나님이 계시지 않은 것 같은 세상에서 하나님을 향해 부르짖는 또 하나의 탄식의 노래이다.

김근주 | 기독연구원 느헤미야 연구위원

슬픔의 노래

슬픔의 노래

세상의 모든 라헬을 위한 시편

앤 윔즈 Ann Weems

장준식 옮김

바람이불어오는곳

우는 자들과

그 우는 자들과 함께 우는 자들에게

차례

서문

이 책에서 앤 윔즈는 이전에 출간했던 어느 책에서보다 더 통렬한 시와 묵상을 제공한다. 그녀는 이 작업을 하는 데 있어서 미세하게 잘 다듬어진 믿음을 동원한다. 그 믿음은 성숙해 있고 빈틈이 없다. 그뿐만 아니라 그녀는 자신의 독특한 언어 기교를 사용한다. 그녀는 말하기가 어떻게 작동하며, 그녀 자신의 의지를 넘어서 일을 해내는 그 언어의 작업에 자기 자신을 어떻게 복종시켜야 하는지 잘 알고 있다. 그러나 그녀가 자신의 믿음과 언어를 입 밖으로 내놓을 때, 그녀는 이제 그 작업이 고통과 아픔으로 흠뻑 젖는다는 것을 발견한다. 아마도 그것은 그녀가 시를 쓰게 된 직접적인 계기였을 텐데, 그녀의 아픔은 매우 구체적이다. 그것은 바로 그녀의 사랑하는 아들 토드에 대한 미완성의, 해답이 없는, 해결되지 않은 슬픔이다. 삶 속에 깊이 새겨진 아픔을 존중하는 일에는 자신이 가진 모든 믿음과 언어가 필요하다는 것을 윔즈는 너무도 잘 알고 있다. 물론 그렇다 하더라도, 그것으로 모든 것

11

을 채우기에 충분한 것은 아니다.

하지만 여기에 실린 시들은 윔즈 자신에게 해당되는 좁은 범위에만 머물지 않는다. 시인으로서 지닌 그녀의 재능은 시를 듣는 이들로 하여금 그녀의 개인적인 것을 함께 나눈 뒤 그것을 통과하도록 한다는 것이다. 그래서 시는 우리 각자의 구체적인 삶을 어루만지고 우리 모두의 공통적인 삶을 보듬어 준다. 이 시인의 삶에서와 같이 이 세상의 삶은 아직 미완성이고, 아직 해답이 없고, 아직 해결되지 않은 고통과 아픔으로 흠뻑 젖어 있다. 그리고 우리는 까다로운 질문을 하도록 남겨져 있다. 아직 해결되지 않은 이 큰 상처를 우리는 어떻게 해야만 하는가? 윔즈의 설득력 있는 목적은 그것을 잘 표현하는 것이다.

탄식의 작업을 수행하면서 윔즈는 처음부터 다시 시작하지 않는다. 그녀는 말해지지 않은 아픔을 입 밖으로 내놓는 작업을 해낸 첫 번째 사람이 아니다. 해럴드 블룸은 우리에게 가르쳐 주기를, 훌륭한 모든 시인은 이미 거기에 있는 시를 다시 쓰거니와 그것을 새로운 방법으로 사용하여 쓰며 그것에서 절대로 자유롭게 벗어나지 않는다고 했다. 윔즈는 자신의 언어가 오래된 슬픔의 큰 저택 안에 거주해 왔다는 것을 스스로 잘 알고 있다. 그러므로 구체적인 삶을 말하기 위하여 그녀는 그 큰 저택으로 들어가야만 했고, 이 세상에 명백하게 존재하고 있는 그 오래된 슬픔들을 다시 말해야만 했다.

말로 표현된 슬픔을 지닌 이 세상의 대저택 안에 있는 윔즈의 구체적인 방은 성경이다. 그리고 좀 더 구체적으로 말하자면, 그것은 시편이다. 신앙이 탄생한 이래로, 시와 기도와 찬양이 담긴

이 책은 회당과 교회에 믿음과 상상력을 제공해 왔다. 누구든 눈치챌 수 있는 것이지만, 시편에 대하여 한 가지 눈에 띄는 점은 그 책의 거의 절반 가까이가 탄식의 노래(songs of lament)와 푸념의 시(poems of complaint)라는 것이다. 어떤 것은 하나님과 관계를 맺고 있는 이스라엘의 삶이 매우 형편이 안 좋다는 것을 보여 준다. 그리고 이스라엘은 그들의 삶이 어떠한 곤경에 처해 있는지 목소리를 내는 데 전혀 거리낌이 없다.

윔즈 이전의 시편 독자들은 푸념과 탄식에 대하여 반복되고 잘 정돈된 형태가 거기에 있다는 것을 발견했다. 이스라엘은 그 슬픔을 어떻게 다루어야 하는지 알았다. 그들은 그 슬픔을 완전히 말로 표현하거나 전달되게 했을 뿐만 아니라 정제되지 않은 그대로의 모습을 간직하게 하여 그것이 파괴되어 느슨해지지 않도록 했다. 우리가 이 시편들에서 발견하는 것은 정제되지 않은 격분이나 분노, 슬픔이 아니다. 오히려 우리는 격분과 상처를 더 효과적이고 유용하고 적합한 것으로 만들기 위해서 이미 정돈되어 있고, 중재되어 있고, 다듬어져 있는 시들을 본다. 정제되지 않은 슬픔을 다듬는 것이 시의 작업이요 시인의 재능이다.

슬픔과 고통, 격분에 대해서 말하는 이스라엘의 전통적인 모델은 보통 여섯 가지의 요소를 가지고 있는데, 이것은 모든 형태에서 관찰된다. 물론 그러한 모든 표현에 모든 요소가 적용될 필요는 없다.

1. 특징적으로 시는 하나님의 이름을 친밀하게 부르는 것으로 시작된다. 예를 들어, "나의 하나님, 내 조상의 하나님"으로 부르는 것이다. 푸념은 낯선 사람에게 늘어놓지 않는다. 푸념은 신

뢰와 확신을 바탕으로 계속 이어지고 있는 친밀함 가운데 나타나는 신뢰의 말하기이다. 마찬가지로 탄식은 "공허한 하늘"에 말해지지 않는다. 탄식은 누군가에게 말해지는데, 집중해서 들어 줄 거라 믿어지는 최고의 친구에게로 향한다.

2. 시는 즉시 푸념으로 건너간다. 삶이 얼마나 어려움 가운데 있는지, 그 어려움이 무엇인지에 관해 푸념은 구체적으로 하나님에게 말해진다. 심하지 않은 상처를 입은 어린아이가 그러하듯, 푸념은 다분히 과장법을 이용한다. 어린아이는 바쁜 어른의 관심을 끌기 위해 과장해서 진술해야만 한다. 확실히 고통에는 본질적으로 과장이 내재되어 있다. 그러나 과장은 또한 하나님의 관심을 얻거나 하나님이 행동하시도록 하기 위한 전략일 것이다. 왜냐하면 시편 기자는 자주 하나님이 부재하고, 침묵하며, 관심이 없고, 돌보지 않으신다는 것을 알기 때문이다. 하나님을 고통 가운데로 끌어들여야 한다.

3. 그 다음에 시는 초점을 탄원에 맞춘다. 이것이 모든 것의 중심이다. 큰 소리로, 긴급하게, 뻔뻔할 정도의 명령법을 동원하여 탄식은 하나님에게 진술된다. "돌아오소서, 관심을 기울여 주소서, 구원해 주소서!" 고백되고 있듯이, 움직이시기만 한다면 하나님은 구원하실 수 있다. 하나님의 능력을 의심할 수 없기에, 하나님을 움직이게 할 수 있는 것에 탄원자의 모든 것이 달려 있다. 부족한 것은 오직 하나님의 주의력이므로, 이스라엘의 명령법은 하나님이 자신들의 곤경에 관심을 가져 주기를 집중적으로 호소한다.

4. 정상적인 상황에서 한 푸념과 탄원은 만족스러울 수 있다.

그러나 이것은 정상적인 상황이 아니다. 긴급하게 탄원하는 자는 간청하는 데 그치지 않고 더 말한다. 탄원은 퇴보적인 연설이다. 다시 말해, 궁지에 몰린 시인은 하나님을 점잖게 생각하거나 신적인 모습을 하고 있다고 생각하지 않는다. 그래서 동기들이 탄원에 첨가된다. 그 동기들은 하나님이 행동하시도록 하려는 어떠한 적절한 이유들이다. 동기들은 다양하게 덕이나 회개, 선례나 하나님 자신의 명예, 또는 심지어 하나님의 허영심에 호소한다. 시인은 종종 인간의 곤궁한 처지가 하나님이 행동하시도록 하는 데 적당한 이유가 되지 못한다고 생각하기도 한다. 곤경 가운데서 무엇인가 하나님에게 위급한 것이 있으면 하나님은 또한 분명히 모습을 드러낼 것이다. 그러므로 동기들은 신앙의 차원에서 목소리를 내기는 하지만, 그것이 그렇게 인정받을 만한 것은 아니다. 그러나 상처 받은 사람들은 어떠한 경우에는 천박한 자가 되는 위험을 감수하거나, 심지어 이교도가 되는 위험을 감수하기까지 한다.

5. 원수나 악인으로부터 구해 달라고 하나님께 간청하는, 너무나 자주 도움을 간구하는 시인은 구원에 대한 탄원을 멈추지 않는다. 너무나 자주 시인은 고통을 유발하는 원수에 대한 어떤 복수를 좋아하는 것 같다. 자신과 자신의 공동체에게 좋은 일이 있기를 간구함과 동시에, 시인은 탄식을 통해 원수에게 나쁜 일이 일어나기를 간구한다. 그래서 이 시들에는 시인의 대적자들에게 고통스러운 일이나 처벌 또는 파괴적인 일이 행해지기를 바라는 소망이 빈번하게 등장한다. 고통은 인간이 할 수 있는 것 중 가장 비천한 것을 감행하게 하고, 또한 전통적인 신학과 틀에 박힌 사회적 관습 중에서 가장 어두운 것이나 가장 받아들이기 어려운 것에 대하여 대담하게 말하도록 한다. 이 시들은 실제로 궁지에 몰린 상태에서 말해지고 있다.

6. 이상한 일이지만 필요와 상처, 요구, 그리고 독기가 충분히 말해졌을 때, 기대치 않았던 어떠한 일이 시편에서 벌어진다. 시편의 분위기와 어조가 바뀐다. 이스라엘의 시인은 분노와 탄원을 모두 쏟아낸 것 같고, 고통은 명백하게 해소된 것처럼 보인다. 시인은 결국 자신의 탄식이 하나님께 도달해서 "그것이 충분히 해소되었다"는 확신을 갖게 되고, 그래서 기쁨과 찬양 가운데 끝맺음을 하게 된다. 그러한 전환이 어떻게 허용되어 일어나는지는 명확하지 않다. 그러나 명확한 것은 그러한 전환이 탄원의 패턴과 장르에 규칙적으로 일어난다는 것이다. 아마도 기나긴 저항이 정화 작용을 한 것 같고, 결국 만족할 만한 상태에 도달한 것 같다. 또는 많은 학자들이 생각하는 것처럼, 발언 중간에 확신, 행복, 감사의 새로운 자세를 허용하는 확신에 대한 공동의 전례적 개입이 있었을 수도 있다. 그렇게 읽으면 시는 매우 변증법적이다. 시는 시인의 필요를 해결해 주는 응답을 받는다. 그래서 시는 어떠한 것을 성취하고, 시인은 시의 마지막에 매우 다른 장소에 가 있다.

시편 자체가 그러한 믿음과 탄식의 형태에 풍부한 근거를 제공한다는 것은 사실이다. 그러나 동일하게 분명한 것은 구약성서 어딘가에 이름이 잘 알려진 믿음의 사람들이 이러한 기도를 드리고 있다는 것이다. 이 기도는 하나님과 함께하는 그들의 삶을 변화시키고, 세상 속에 있는 그들의 삶을 변화시킨다. 그들 중에는 이스라엘의 위대한 탄원자 모세(출 32:11-14, 민 11:11-15)와 예레미야(렘 12:1-6, 20:7-13)가 있는데, 우리는 하나님과 관련된 그들의 삶을 매우 잘 알고 있다. 모세와 예레미야를 넘어서, 욥기의 전체 시들은 욥의 입에서 나오는 생생한 탄식의 시리즈로 간주된다. 그것에 대해서 욥의 친구들은 부적절한 대응을 하고 있으며, 폭풍 가운데 임하신 하나님은 수수께끼 같은 압도적인 질문으로 대응하고 있다. 이스라엘의 경전에 스며 있는 이러한 사례에서 우리는, 그들이 하나님의 현존 안으로 몰려들어 갈 때 이스라엘이 어떻게 처신하는지를 볼 수 있게 된다.

신앙적으로 진술되고 있는 이러한 장르의 예술적인 독특성은 우리를 매료시킨다. 그러나 우리는 그러한 신앙적 진술 안에서 구성되고 제정되고 있는 용감하고도 대담한 신앙의 행위를 놓쳐서는 안 된다. 아마도 이스라엘의 가장 독특하고도 생생한 믿음의 양식인 탄원과 푸념은 우리를 "저항의 영성"(spirituality of protest)으로 인도한다. 다시 말해, 이스라엘은 대담하게도 이 세상의 모든 것이 옳은 것은 아님을 인식하고 있다. 이것은 그렇지 않음에도 불구하고 서로가 서로에게 그리고 하나님의 임재 앞에서 '모든 것이 괜찮은' 척하며 우리가 취하는 자기 부인의 쉬운 방식에 반대하는 것이다. 그러나 이스라엘은 또한 죄를 고백하기를 반항적으로 거부하며 이 세상에 있는 모든 불의에 대하여 책임지기를 거부한다. 이스라엘은 문제가 되고 있는 "원수"가 누구인지 드러낼 수 있으며, 실패한 것과 제대로 기능하지 못하는 것 그리고 정의롭지 못한 것에 대하여 하나님에게 책임을 전가시킬 줄 안다. 그렇게 말하는 것은 우리가 하나님 앞에서 '온순해야' 하는 것과 반대되는 것이다. 우리 서구인들은 하나님이 그러한 비판에 연루된 분이라는 상상을 하지 않는 성향을 가지고 있다. 그러나 이스라엘은 현실 속에 있는 문제를 통해 그렇게 생각하고 있으며 말을 더 듣지 않고 진실을 말하고 있다.

이러한 강력한 믿음의 행위 안에서, 이스라엘은 하나님께 전통적으로 돌려졌던 가벼운 상투어들(예를 들어, '전능한', '무소부재한', '전지한', '완전한 사랑', '모든 것이 가능한' 같은 것들)을 거부하고 신적 존재에 대항하여 주도권을 잡는다. 이스라엘은 우리가 좋아하는 '섭리'나 '신의 주권' 같은 것에 영향을 받아 속도를 늦추지 않는다. 일을 열심히 했지만 험상궂었던 헤이그 장군(레이건 대통령 시절의 59대 미국 국무장관)이 말하는 것처럼, 이스라엘은 여기에서 "내가 이곳의 책임자요"라고 말하는 것처럼 보인다. 그래서 하나님은 이러한 새로운 대화 상황에 익숙해져야 한다. 믿음 안에서 이스라엘은 주도권을 쥐고 잠시 대담하게 하나님에 대한 대화의 조건을 지시하는 하나님의 수석 파트너로 일한다. 하나님은 다음과 같은 생각에 익숙해져야 하거니와, 이스라엘은 고분고분한 고양이가 아니며 하나님이 당신의 섭리적인 손길로 마음대로 주무를 수 있는 존재가 아니다. 이스라엘은 의지와 자기 목소리, 그리고 기백을 가지고 있다. 이스라엘은 자신의 아픔이 정당하지 않고 공평하지 않다는 것을 알고 있다. 그리고 하나님은 이스라엘의 새로운 주장을 잘 활용해야 한다.

그러한 탄식은 어떠한 목적을 지니고 있는가? 아마도 우리의 심리적인 성향 면에서 탄식은 정화 작용(카타르시스)의 요소를 지니고 있다. 말하고 나면 좀 기분이 나아진다. 좀 더 복잡하게 말하자면, TV 광고에서 우리에게 약속하는 것만큼 원활하지는 않지만 그래도 우리의 삶에는 애가(哀歌) 형식의 노래가 필요하다. 그런 자기 폭로를 통해 치유되는 애틋한 예술적 기교가 있다. 그러나 "담대한 시인"은 심리적이거나 예술적인 기교로 만족하지 않는다. 이러한 탄식은 무거운 신학적 행동이고, 이 행동은 '하늘에 있는 거룩한 권세'(삼위일체 하나님)에 기대고 있다. 시인은 그러한 탄식이 새로운 현실을 불러올 것을 기대한다. 탄식은 실로 행동을 불러온다. 그리고 탄식이 불러오는(그리고 요구하는) 것은 하나님의 삶과 하나님의 세상을 다루시는 방법의 변화이다. 사죄 없이 말해진 슬픔은 하나님이 다른 식으로 일하시기 위해 다른 장소에서 다른 방식으로 이 세상에 다시 들어오실 것을 요구하는데, 이런 상상 없이는 시인들의 이러한 행렬에 참여할 수 없다. 이것은 손을 뗀 상황에서 일어나는 개입, 무관심한 상황에서 일어나는 전환, 생명을 유지해야 하는 상황에서 일어나는 기적이다. 시인은 개입을 기원하거나 전환을 요구하거나 기적을 일으키지 않을지 모른다. 그러나 시인들이 동일하게 고백하는 것은 이러한 개입이나 전환, 기적은 탄식 없이 발생하지 않는다는 것이다. 고통 받는 자들의 입장에서 보면, "아래로부터"의 이러한 탄식은 하늘의 관심을 받기 위해서 필수적이다. 새로움은 시인이 살고 있는 "아래로부터" 시작된다.

그런 이유 때문에 시인은 탄식하기를 계속한다. 웜즈는 다시 한 번 가혹하긴 하지만 꼭 필요한 무리에 참여한다. 웜즈는 옛 시인들을 모방하거나 복제할 필요가 없다. 그러나 그녀는 그들의 자녀이고 그들의 후손이고 그들의 최신 되울림(echo)이다. 그녀도 잘 알고 있듯이, 그녀의 언어가 아픔을 모두 해소시켜 주지는 못할 것이다. 그녀도 잘 알고 있듯이, 그녀의 탄식이 죽은 아들 토드를 되살려 놓지는 못할 것이다. 그녀도 잘 알고 있듯이, 그녀의 발언이 모든 것을 완전히 치유하지는 못할 것이다. 그럼에도 불구하고, 웜즈가 보여 주고 있는 언어적 위엄은 우리들의 미래를 위해서 없어서는 안 될 필수적인 요소이다. 그녀는 담대한 믿음을 갖고 있고, 담대하게 말하고, 담대하게 저항하고, 위기의 상황에서도 담대하게 행동하는 "담대한 시인들"(strong poets)과 함께한다. 이스라엘이 담대한 탄식을 통해서 자기 자신을 표현했던 것처럼, 우리도 웜즈와 함께 탄식하기를 통해서 우리 자신을 표현한다. 우리는 거절된 사람이 아니라 담대하게 진실을 말하는 저항자가 된다. 우리는 고분고분한 사람이 아니라 담대하게 의사를 표현하는 사람이 된다. 그리고 이렇게 표현된 우리의 존재 안에서, 하나님 또한 너무도 다르게 행동하신다. 이렇게 새롭게 자리매김한 하나님께 기도를 드릴 수 있도록 우리를 이끌어 준 윔즈에게 고마움을 전한다. 그녀의 상처 가득한 탄식의 언어들 덕분에 우리는 치유받게 될 것이다.

컬럼비아 신학교에서
월터 브루그만

들어가며

이 책은 모든 이들을 위한 책이 아닙니다. 이 책은 우는 자들과 그 우는 자들과 함께 우는 자들을 위한 책입니다. 이 책은 폭력적이고 외설적인 삶의 한가운데서 믿음을 지키기 위해 매일 같이 영혼의 씨름을 하는 이들을 위한 책입니다. 이 책은 두 뺨 위로 통렬한 눈물을 흘리며 사는 이들을 위한 책입니다.

1982년 8월 14일, 나의 하늘에서 별들이 떨어졌습니다. 그의 스물 한 번째 생일이 한 시간도 지나지 않았을 때, 나의 사랑하는 아들 토드는 죽었습니다. 1982년 8월 14일……. 그리고 나는 여전히 울고 있습니다.

많은 사람들이 나와 함께 있어 주었습니다. 가족, 친구, 그리고 편지나 전화 또는 인편을 통해 자비로운 마음을 보내온 수많은 사람들. 누가 그러한 것을 보내왔는지 나는 다 알지 못합니다. 그들은 하나님이 보낸 사람들이었고, 그들이 얼마나 나에게 큰 위로가 되었는지 모릅니다.

그들 중에 월터 브루그만 교수가 있었습니다. 그는 나와 나의 가족에게 엄청나게 큰 존재였습니다. 더 이상 위로의 편지들이 오지 않기 시작한 이후에도 오랫동안 그는 나에게 연락을 취하며 나를 보살펴 주었습니다. 어느 날 그에게서 전화가 왔습니다. 내가 대답하기 싫으면 안 해도 된다며 그는 나에게 질문을 한 가지 했습니다. 그때 그는 예레미야에 관한 연구를 수행하고 있었는데, 나에게 묻고 싶어한 질문은 이것이었습니다. "라헬이 위로 받게 될까요?" 나는 망설이면서 대답했던 것으로 기억합니다. "아니요. 아니요. 라헬은 위로 받지 못할 겁니다. 지금 여기에서는 위로 받지 못할 거예요. 물론 내 주변에 긍휼의 마음으로 나를 대해 주는 사람들이 있어요. 그들은 천사들이 하는 일을 하고 있는 것이지요. 나는 그들이 다가오기를 바랍니다. 그러나 오직 하나님이 그녀의 눈에서 눈물을 닦아 주실 때에만 라헬은 위로 받을 수 있을 겁니다."

그때 브루그만 교수는 나에게 탄식 시편을 써 보는 게 어떻겠냐고 제안했습니다. 나는 그러고 싶다고 대답했습니다. 몇 달 뒤에 나는 다섯 편의 탄식 시를 그에게 보냈습니다. 그리고 내 시편 원고를 책상 서랍 속에 넣어 두고는 서랍을 쾅 닫았습니다.

그해 여름, 브루그만 교수는 나에게 전화를 걸어 나의 탄식 시편들을 그가 인도하고 있는 세미나의 학생들에게 보여 줘도 되겠냐고 물었습니다. 그들이 원한다면 그렇게 해도 된다고 말하면서 나는 왜 그들이 그 시편들을 원하는지 모르겠다고 했습니다.

그는 말했습니다. "왜냐하면 역사를 통해 보면 믿음의 사람들은 하나님의 보좌 앞으로 나아가며 자신의 마음을 토로했기 때문입니다. 탄식 시편 속에서 당신은 그 사람들의 흐느낌을 소리 내어 말하고 있는 것입니다."

얼마 후에 나는 브루그만 교수가 인도한 세미나에 참석했던 사람들로부터 편지나 전화를 받기 시작했습니다. 내 삶의 이야기와 마찬가지로, 그들 삶의 이야기는 너무도 아파서 어느 누구도 영혼의 슬픔을 치유하는 열 단계에 끼워 맞출 수가 없었습니다. 내가 알고 있는 것을 그들도 알고 있었습니다. 자기 계발서에는 구원이 없다는 것, 우리에게 필요한 도움은 우리 자신 훨씬 너머에 있다는 것, 단지 우리가 품을 수 있는 희망은 하나님의 보좌 앞으로 행진해 나아가며 우리의 영혼 가운데 자리 잡고 있는 아픔을 큰 소리로 탄식하며 외칠 뿐이라는 것.

나는 한 편의 탄원시도 쓰지 않으며 오랜 시간을 보냈습니다. 그러면서 나는 뺨을 타고 줄줄 흐르는 눈물을 흘리며 하나님 앞에 서 있는 나 자신을 발견했습니다. 나는 또 다른 시편을 써서 책상 서랍 속에 던져 넣었습니다. 작년 여름 그것들을 완성했을 때 비로소 나는 원고들을 서랍 속에 집어넣으며 서랍을 쾅 닫지 않을 수 있었습니다.

물론 나의 시편 쓰기는 끝나지 않았다는 것을 압니다. 분노와 찬양이 내 안에서 맴돌며 때로는 충돌하기도 합니다. 탄식과 웃음이 이해를 넘어선 평화를 갈망하며 내 마음에 나란히 자리 잡고 있습니다. 눈물 흘리며 애통 가운데 사는 사람들은 내가 어디에 서 있는지 알 것입니다.

고요한 시간에 이러한 이미지가 떠올랐습니다. 울고 계신 예수.

예수께서 우셨다.
그리고 그는 울면서
애통하는 자들과 함께 영원히 함께하셨다.
그는 모든 시간에 걸쳐 계시며,
이 우시는 예수는,
울고 있는 자들을 그의 팔로 안아 주시며 말씀하신다.
"애통하는 자는 복이 있나니
그들이 위로를 받을 것임이요."
그는 우는 자들과 함께 계신다.
그의 이름은 임마누엘(God-with us)이기 때문이다.
예수께서 우셨다.

"애통하는 자는 복이 있나니 그들이 위로를 받을 것임이요."
어느 날, 어느 날 하나님은 라헬의 눈에서 모든 눈물을 닦아 주실 것입니다.

헤어 나올 수 없는 지긋지긋한 삶을 사는,
하나님에게 버림받은 자들의 삶,
거기에는
우는 자들의 영혼으로부터 흘러나오는
그리고 그 우는 자들과 함께 우는 자들로부터 흘러나오는
귀가 터질 듯한 찬양이 있도다.
네가 지켜본다면,
너는

별들을 다시 그들의 하늘에

하나씩 되돌려 놓는

하나님의 손을

보게 되리라.

앤 윔즈

라마에서 슬퍼하며 통곡하는 소리가 들리니

라헬이 그 자식 때문에 애곡하는 것이라.

그가 자식이 없어져서 위로 받기를 거절하는도다.

ー 예레미야 31:15

탄식 시편 1

하나님이여, 내 이름을 잊으셨나이까?
나를 언제까지 이 수렁에 내버려 두시려 하나이까?
나는 내 일생 동안 호산나를 부르며
새로운 봄날 파릇한 종려나무 가지를 흔들었나이다.
오직 주께로부터 오는 부요한 약속을 따르며 믿었사오나,
나의 생명보다 더 귀한 아들이 죽었나이다.
주께서 나에게 주신 아들이 죽었나이다.
정의나 자비를 생각해 볼 겨를도 없이
아들이 죽었나이다.
나는 이제 어둠 가운데 앉았고
호산나 찬양은 나의 목구멍에 걸려 있나이다.

왜 내가 종려나무 가지를 흔들며
부활의 아침을 기다려야만 하나이까?
하나님이여,
왜 주께서는 나에게 라헬이라는 이름을 지어 주셨나이까?
라마에서 통곡하는 소리가 들리오니,
그 통곡은 바로 나의 통곡이니이다!
라헬은 위로 받지 못할 것이니이다.
임마누엘이신 하나님,
나의 통곡 소리를 듣지 아니하시나이까?
나를 찾아오지 아니하시나이까?

어둠을 물리칠 촛불도 없는
이 고통의 침실에서
나는 얼마나 오래 기다려야만 하나이까?

거룩하신 하나님이여, 오셔서
주님의 샬롬*을 나에게 먹여 주소서.
오셔서 내 입술에 냉수 한 그릇을 가져다주시오면,
나는 이곳 수렁에서
주를 찬양할 수 있는 목소리를 찾을 수 있으오리이다.
바싹 마른 나의 입술에서
호산나가 터져 나오게 하시오면,
나는 주의 모든 영원한 선하심을 찬양하오리니,
그때에 세상이
나의 하나님은
어둠 속에 있는 나에게 오시는
약속의 하나님이시라는 것을
알게 되리이다.

★ '평화', '평안', '안식'을 의미하는 히브리어.

탄식 시편 2

하나님이여,
여기
태양이 빛나기를 두려워하는 이곳에서
나를 찾으소서!
주는 신실한 주의 종을 알아보지 못하시나이까?
어린 시절부터 내가 주를 알지 아니하였나이까?
원수의 귓전에서
내가 주를 노래하지 아니하였나이까?
그런데 왜 주께서는 침묵하고 계시나이까?
왜 주께서는 나를 이 공허한 밤에
울부짖도록 내버려 두시나이까?
왜 주께서는 밤꾀꼬리의 노래를 간구하는 나에게
침묵을 주시나이까?

하나님이여,
나를 불쌍히 여기시고
내 고통의 마을로 들어오소서.
나의 울부짖음을 들으시고
나를 찾아오시면
모든 사람이 주의 신실하심을 알게 되리이다.
잃은 양을 찾는 목자처럼
주는 나를 찾으실 때까지 포기하지 아니하시리니,

얼음처럼 차가운 수렁에서
내가 주의 이름을 찬송하리이다.
여기 땅거미 지는 곳에서
나는 빛으로 오시는 주를 기다리나이다.
나의 하나님은
어둠의 위협으로부터
우리 모두를 불러 모으실 때까지
쉬지 아니하시는 하나님이시오니
그때에 내가 소리 높여 찬양하리로다.

탄식 시편 3

주여,
내가 얼마나 큰 눈물의 잔을 들이켜야만 하나이까?
얼마큼 들이켜야 충분한 것이니이까?
그것을 들이킨다 할지라도
그 눈물의 잔이 계속 커지고 넘쳐서
우물만큼 깊어져
더 이상 내가 삼킬 수 없을 때까지
들이켜야만 하는 것이니이까?

하나님이여, 주는 주의 종을 잊으셨나이까?
주께서는 나를,
주를 섬기지 아니하고
사랑하지 아니하고
갈망하지 아니하는 자로
오해하셔서
주께서 실수로
주를 사랑하는 데 온 평생을 드린
이 보배와 같은 사랑하는 아들을
데려가신 것 아니니이까?
이것은 어떤 종류의 잔혹한 심판이니이까?
주께서는 사랑하시는 자에게 복 내리시는 분이심을
믿지 않는 자들에게 보여 주고 싶지 아니하시나이까?

내가 사는 날 동안 계속 울어야 하나이까?
주는 나를 영원히 잊으려 하시나이까?

나를 기억하소서,
주여,
나의 눈물을 닦아 주시겠다고
내게 하신 주의 약속을
기억해 주소서.
나의 아픔으로 들어와 주시오면
나는 다시 한 번 길거리에서
주의 이름을 찬양하리이다.

나에게 희망을 주소서,
주여,
주의 신실하신 사랑으로 오셔서
나를 만나 주소서.
그때에 내가 나를 잊지 아니하신 하나님을
아침의 빛 가운데서
소리 높여 찬미하오리니,
찬미 소리를 들은 모든 이들이
우리를 잊지 아니하신 주를
기쁜 목소리로 함께 찬미하리이다.

탄식 시편 4

거룩하신 하나님이여,
나는 더 이상 볼 수 없나이다.
멈추지 아니하는 눈물 때문에
앞을 볼 수가 없사오니,
나는 오직 주께 통곡할 수밖에 없고
주의 발걸음을 들으려고
귀 기울일 수밖에 없나이다.

주여,
주께서도 눈물 때문에 앞이 보이지 아니하시나이까?
주를 기다리고 있는 나를 보지 못하도록
주의 눈에 눈물을 가득 채우는,
주의 연약한 자녀들의 얼굴로 쌓이는
이 세상의 증오들을 주는 보셨나이까?
주여,
파괴와 죽음의 허망한 것 때문에
청력을 잃으셨나이까?
주께서는 역겨운 것을 너무도 많이 들으셔서
나의 불평을 듣지 못하시는 것이니이까?
주여,
눈이 아니 보이신다면
주는 주의 손이라도

나에게 내밀어 주실 수는 없는 것이니이까?
귀가 아니 들리신다면
주는 나의 이름이라도
불러 주실 수는 없는 것이니이까?

주여,
얼마나 오랫동안
내가 이 어둠의 평지에 앉아 있어야 하나이까?
얼마나 오랫동안
내가 "너의 하나님은 지금 어디에 계시냐?"라며
조롱하는 원수의 모독적인 말을
듣고 있어야 하나이까?

내 하나님이여,
그들에게
주께서 기억하고 계심을 보여 주소서.
주의 손을 뻗어 내 눈의 눈물을 마르게 하시오면
나는 새로운 시작을 볼 수 있으리이다.
주의 입을 열어 나의 이름을 불러 주시오면
주께서 나를 기억하고 계심을 알리이다.
나를 주장하시오면
나의 하나님이 여기에 계시다는 것을

내가 장터에서 선포하리이다.

내 영혼아,
마음 다해 감사하리로다!
나의 하나님은
멸망 가운데에도 계시도다.

탄식 시편 5

하나님이여,

나를 찾아 주소서!

나는 지금 슬픔의 계곡에서 길을 잃어

나가는 길을 알지 못하나이다.

친구들이 나의 발 앞에

상처를 치유할 수 있는

연고가 담긴 바구니를 놓아두었사오나,

나는 지금 몸이 구부려지지가 아니하여

그 연고를 집어 마음에 바를 수가 없나이다.

그들은 이 계곡에서 떠나라고 말하오나,

그들의 목소리가 너무 희미하게 들려

그 목소리를 따라 계곡을 빠져나갈 수가 없나이다.

그들은 사랑의 노래를 부르고 있사오나,

그 노래는 바람 속에서 사라져

자취를 감추었나이다.

그들은 두드리고 있사오나,

나는 문을 찾을 수가 없나이다.

그들은 나에게 소리치고 있사오나,

나는 대답할 수가 없나이다.

하나님이여,

나를 찾아 주소서!
이 계곡으로 오셔서 나를 찾아 주소서!
이 통곡의 땅에서 꺼내 주소서.
나는 주께 속하였사오니
나를 찾아 주소서!
주는 필경 내게 오시는 분이시오니
나는 여기서 기다릴 것이니이다.
주는 언제나 신실하신 분이시오니
나는 여기서 기다릴 것이니이다.
주는 나의 하나님이시고
나의 머리카락까지 세겠다고 약속하셨사오니
나는 여기서 기다릴 것이니이다.

탄식 시편 6

하나님이여,
왜 주께서는 나를
기억 속에 고개를 떨구도록 내버려 두시나이까?
눈이 커지고 신경이 곤두서는 것이니이까?
왜 주께서는 나를
이 기억의 집에 혼자 내버려 두시나이까?

문을 열어 주소서, 주여!
얼른 들어오셔서
이 기억의 지옥으로부터
저를 잡아 주소서.
그 웃음소리,
그 목소리,
그 휘파람소리,
그 사랑을 기억하는 일들은
정말 지옥이니이다!

여기서 나를 꺼내 주소서, 주여!
자비를 베풀어 주소서!
기억을 지워 주소서!
고통의 늪에서 나를 빼내 주소서!
주는 나의 하나님이시며

주는 나를 결코 포기하지 아니하는 분이시오니,
나를 평화로운 곳으로 인도하소서.

탄식 시편 7

하나님이여,
주께서는 죽음이 내 아들을 데려가도록 허락하시고
나를 홀로
끝나지 아니한 사랑의 쌀쌀한 새벽녘에 내버려 두셨나이다.
주께서는 무슨 생각을 하신 것이니이까?

전달되지 못한 선물이
여기 저기 내 주위에 쌓여 있나이다.
불러 보지 못한 노래가
나의 목구멍에 걸려 있나이다.
하지 못한 말이 수척해진 채로
나의 입 속에 놓여 있나이다.
죽음이 도착했을 때
사랑은 차마 떠나지 못했기에
살아지지 못한 날들을 물끄러미 바라보며
나는 여기에 앉아 있나이다.

하나님이여,
끝나지 아니한 사랑으로
나는 무엇을 해야 하오리이까?
사랑은 갈 곳 없이
내 안에서 샘솟고 있사오나,

그 아픔 때문에
나의 가슴은 터져 버릴 것 같나이다.

오소서, 위로자여,
나에게 오소서.
이 고통을 잠시만 멈춰 주시오면
내가 숨을 조금 쉴 수 있게 되리이다.
나에게 오소서, 위로자여,
내게 평안을 주소서.

하나님이여,
나는 이 모든 것을 이해하지 못하겠나이다.
이해를 넘어서는 주의 평안을 내게 주소서.
오직 주만이 주실 수 있는
은혜를 내게 내려 주시고
평안으로 넘치는 은혜를 주시오면,
나는 들으려 하는 모든 이들에게
이 말씀을 전하며 살리이다.
하나님이여,
주께서 해답이시니이다.

탄식 시편 8

하나님이여, 주는 우리의 언약을 잊으셨나이까?
주께서는 주의 약속을 잊으셨나이까?
주께서는 내 눈물의 세계로 들어오실 수 없는 것이니이까?
주께서는 나의 깨진 마음속에
주의 집을 지으실 수 없는 것이니이까?
주여,
나의 울부짖음을 듣고 계시다고 인정해 주소서!
지금 주께서 오시는 중이라고 기별을 넣어 주소서!
나는 주께서 오고 계심을 믿었사오니,
응답해 주시오면
나는 주께서 임재하시리라는
가느다란 희망이라도 붙들 수 있사오리이다.
주께서 주의 약속을 지키시리라는 것을
내가 믿었나이다.

주께서는 자비로우시고 정의로우시며
주의 이름은 긍휼이시오니,
내가 눈물로써 주의 이름을 찬양하며
나의 희망이시요 생명이신 주를
끊임없이 찬송하리로다.
주는 나와 함께하시리로다.
주는 내게 복을 베푸시고

나를 지키시리니,

내가 영원히

주의 풍성한 사랑 안에 거하리로다.

탄식 시편 9

내게 오소서, 주여.
오셔서 이 기나긴 고통에서 나를 해방시켜 주소서.
하나님, 하나님, 하나님,
제발 나를 살려 주소서!

깨어 있는 모든 순간이 온통
그 순간의 고통으로 가득 차 있나이다.
매일 밤이
고통과 두려움으로 가득 차 있나이다.
주여,
어떻게 그런 일이 일어날 수 있나이까?
주는 어디에 계셨나이까?
왜 주께서는 막아 주지 아니하셨나이까?
주여!
세상의 모든 것이 잘못되었나이다!

새날이 밝기 전
주께 흐느끼는 것은,
주여,
나의 목소리이니이다.
태양이 떠오르기 전
하늘을 향해 올라가는 풍선같이,

주여,
나의 기도가 주께 올라가고 있나이다.
사방을 둘러보지만
모든 문이 굳게 닫혀 있나이다.

주여,
내 앞에서 하늘의 문만은
쾅 하고 닫지 말아 주소서!

주여,
세상의 빛깔이 모두 사라졌나이다!
음악 소리가 모두 꺼졌나이다!
남아 있는 푸른빛을
침묵의 수의가 모두 덮어 버렸나이다.
모든 것이 잿빛이고
죽음의 냄새가 진동하나이다.
주여,
나의 영혼이 죽어가는 것 같아 두렵나이다.
나는 내 속사람의 깊은 곳을 붙잡으려고
안간힘을 쓰고 있나이다.
나의 영혼이 위험에 처해 있나이다.
구해 주소서,

주여,
살려 주소서!

나의 흐느낌을 돌아봐 주시고,
거룩하신 주여,
내게 말씀하실 때에
다정하게 대해 주소서.
주가 아니 계시면 나는 아무것도 아니오니,
나의 멍든 가슴을 부드럽게 만져 주소서.

주여,
주께서 말씀하시오면
하늘에 온통 음악 소리가 울려 퍼지리이다!
주께서 손을 뻗으사
세상을 형형색색 물들여 주소서!
나의 영혼은 무지개로다!
나의 흐느낌은 노래가 되었도다!
나의 하나님은 여기에 계시도다!

탄식 시편 10

하나님이여,
참을 수가 없나이다!
나는 마치 우리에 갇힌 동물처럼 서성이나이다.
나는 울다가 기진맥진해졌나이다.
두통은 끊이질 아니하고,
나의 심장은 가슴에서 떨어져 나갈 것 같나이다.
주의 이름을 소리쳐 불러 보고 또 불러 보지만
주는 대답하지 아니하시며
주는 찾아오지 아니하시오니
나는 참을 수가 없나이다.

하나님이여,
주의 방법은 나의 방법과 같지 아니하시다는 것을 아오니,
나를 구하러 오실 때
큰 군대를 보내 달라고 부탁하지 아니하오리이다.
나를 구하기 위해 순한 양들을 보내 달라고,
나의 문을 지키러 새들을 보내 달라고 부탁드리나이다.
내가 주의 복을 간구하오니,
그러면 내가 다시 일어나 주의 원수를 대적하며
주의 백성의 무리 가운데에
한 번 더 우뚝 서오리이다.
하나님이여,

내가 우리의 언약을 송축하나이다.
아무것도 주의 사랑에서 나를
끊어 내지 못하리이다!

탄식 시편 11

주여, 나는 더 이상 주의 사람이 아니오니이까?
주는 나를 더 이상
주의 백성으로 생각하지 아니하시는 것이니이까?
주는 마음을 바꾸신 것이니이까?
주는 나를 대적하기로 하신 것이니이까?
내가 용서받지 못할 짓이라도 저지른 것이니이까?

주여,
기억해야 할 것을 기억해 주소서.
하늘에 뜬 무지개를 보시거든
주는 나의 하나님이라는 것을 기억해 주소서.
기억하시고 내게 오소서.
나의 하나님이 되시겠다고 하신 약속을 기억해 주소서.
자비를 베풀어 주소서.
거룩하신 주여,
내 이름을 불러 주소서.
음침한 골짜기를
나와 함께 걸어 주소서.
주는 나의 하나님이시요
나는 주의 소유이오니,
나를 떠나지 마소서.

주는 모든 것 되시고,
삶 가운데
처음과 나중이시라.
나의 하나님,
나의 생명,
나의 심장,
나의 영혼이신 나의 주께
모든 찬송을 돌릴지로다.

탄식 시편 12

주여, 내가 무엇을 해야 하오리이까?
내 아들은 떠났고,
나는 삶의 텅 빈 수렁에 남겨졌나이다.
나는 생각을 할 수가 없나이다.
나는 일을 할 수가 없나이다.
나는 먹을 수가 없나이다.
나는 말할 수가 없나이다.
나는 아무도 만날 수가 없나이다.
나는 집에 있을 수가 없나이다.
아무것도 이해할 수가 없나이다.
아무 일도 의미가 없나이다.

주는 어떻게 이러한 일이 일어나도록 허락하셨나이까?
나는 주께서 주의 백성을 보호하시리라 생각했나이다.
주는 능력이 많은 분이시오나,
주는 왜 그 능력을 쓰지 아니하셨나이까?
주는 영광을 받으실 분이시오나,
내 아들의 죽음 속에는 그 영광이 없었나이다.
주는 공의로우시고 자비로우시오나
내 아들을 위한 공의와 자비는 없었나이다.
내 아들의 죽음에는 나를 위한 공의가 없나이다.

주여, 내가 무엇을 해야 하오리이까?
주께 바라오니
나를 도와주소서.
주는 자비를 베푸시는 분이시니이다.
주여, 주께서 나의 하나님이 아니었던 적을
기억하지 못하겠나이다.
주는 약속하셨사오니
내게 돌아오소서.
주는 약속하셨사오니
내게 자비를 베풀어 주소서.
주는 약속하셨사오니
나를 고쳐 주소서.
마음이 시리옵니다.
영혼이 곤고하옵니다.
몸이 피곤하옵니다.
되는 일이 아무것도 없나이다.
주께서 도와주지 아니하시면
나는 아무것도 다시 할 수 없을 것이니이다.

거룩하신 주여,
주께서 나를 구원해 주시리라

내가 확신하나이다.
주는 상한 영혼을 치료하시고
다친 곳을 싸매 주시는 분이시니이다.
주는 능력이 많은 분이시고
영광 받으실 분이시나이다.
주는 공의로우시고 자비로우시나이다.
주는 영원히 나의 하나님이시나이다.

탄식 시편 13

주여, 친구들조차도
마치 치유가 종이 책 속에 있는 것처럼,
하나, 둘, 셋 하면서
시간을 보내면
나의 영혼에 평화가 오고
나의 몸에 힘이 생길 것처럼
생각들 하여,
슬픔을 극복할 수 있는 열 단계가 실려 있는
책을 내게로 가져오나이다.

그들은 왜 이해하려 들지 아니하는 것이니이까?
가장 나쁜 사람들은
마치 죽음을 받아들일 수 있는 것처럼
나로 하여금 죽음을 받아들여야만 한다고
말하는 사람들이니이다.
그럴 수 없나이다!
아들의 죽음을 받아들일 수 없나이다!
나는 위로 받지 못할 것이니이다!

고통 가운데 있는 나에게 사람들은
올바르게 슬퍼해야만 한다고 말하나이다.
자비로우신 주여!

그들은 지금 무엇을 하고 있는 것이니이까?
우리는 눈물을 흘리며
주께로 가야 되는 것 아니니이까?
우리는 주의 말씀으로 위로 받는 것 아니니이까?

거룩하신 주여,
구원은
'일에 적절하게 대처하는' 데서
오는 것이 아니라,
오직
주께로부터 오는 희망 속에만
있다는 것을 아오니,
내가 주께로 가오리이다.

주여, 주께서 나타나실 때
비늘들이 내 심장에서 떨어져 나올 것이며
나는 다시 보게 될 것이니이다.
내가 보오니
나는 감사하오며
은혜로우신 주께,
오직 주께만
무릎을 꿇으리이다.

탄식 시편 14

이런 일을 당할 만한 잘못을 내가 저지른 적이 있나이까?
내가 얼마나 못된 죄를 지었길래
주는 나를
빛도 없고
온기도 없고
희망도 없는
이 수렁에 빠뜨리셨나이까?
주여, 왜 나를 모르는 사람처럼 대하시나이까?
내가 도대체 무슨 일을 저질렀나이까?
주는 내 마음을 들여다보시고
무슨 부족한 것이라도 찾으셨나이까?
주여,
주 외에 선한 자가 없사오니,
나는 내가 선하다고 주장한 적이 결코 없으며
나는 주의 길을 따르려 했을 뿐이니이다.
나는 신실한 사람이 되고자 했을 뿐이니이다.
실패에 실패를 반복했사오나,
주의 말씀을 이해하려고 노력했나이다.
용서를 간구해 왔고
또 다시 용서를 간구하오나,
지금 주의 침묵이 나를 망가뜨리고 있나이다.
주의 대적자들이 나를 '바보'라고 부르고 있나이다.

주여,
나는 주를 믿어 왔고,
지금도 믿나이다.
나의 음성을 들으시고
이 죽음의 어귀에서
나를 꺼내 주실 것을 믿나이다.

주는 거룩하시오니,
그 은혜로 나를 구원해 주실 줄 믿나이다.
거룩하신 주여,
주는 나를 결코 버리지 아니하실 것이니
다시 한 번 나는 주 안에서 살게 될 줄 믿나이다!
오직 나의 입술에 울려 퍼지는 주의 이름이
희망을 가져다주시리로다.

탄식 시편 15

하나님이여,
왜 나를 버리셨나이까?
나는 앉아서 주를 기다리오나
주께서는 오지 아니하시나이다.
나는 지나가는 모든 사람을 바라보고 있사오나
주께서는 거기에 없으시나이다.
나는 삶의 구석짝에
홀로 앉아 울고 있사오나
주께서는 오지 아니하고 계시나이다.
나는 창가에 서서 바라보오나
주께서는 어디에도 안 계시나이다.
나는 주가 필요하오나
주여,
주께서는 저를 혼자 내버려 두셨나이다.
나는 혼자서
주께서 오시는 중이시라고
어쩌면 내일,
어쩌면 내일모레 오실 거라고
나 자신에게 말하고 있사오나
주께서는 나타나지 아니하시나이다.
어떻게 나 혼자서
이 아픔 속에서 걸을 수 있사오리이까?

주 없이 어떻게
무릎까지 차오른 이 고통을
내가 참을 수 있사오리이까?
내 생명의 주여,
주는 어디에 계시나이까?
내가 이렇게 엄청난 위험에 처해 있는데,
주는 어디에 계시나이까?
주는 제때에 도착할 수 없으시기에
나를 슬그머니 떠나보내시는 것이니이까?
자비로운 주여,
나를 버리지 마소서.
내 창문에 주의 얼굴을 보이시고
내 삶에 배인 눈물을 닦아 주소서.
간절히 비오니
내게 오소서.
간절히 비오니
나를 돌보아 주소서.

지붕에 올라
내가 주의 이름을 외쳐 부르리로다.
별들 가운데서
내가 춤추며 주님을 찬양하리로다.

주는 결코 나를 버리지 아니하셨다고
내가 온 세상에 전파하리로다

탄식 시편 16

하나님이여,
이 밤은 결코 끝나지 아니하는 것이오니이까?
주여, 내게 잠을 주옵소서!
내게 안식을 주옵소서!
아들이 죽는 순간의 기억들을
지워 주옵소서.
무섭고 지워지지 아니하는 불안을
싹 지워 주시고,
나를 잠들게 하옵소서.
초청받지 아니한 생각들이 괴롭히는 침대에
내가 누워 있나이다.
밤은 온통 악마들로 들끓나이다.
그들은 내가 숨을 못 쉬게 될 때까지
내 심장 위에 서 있나이다.
이 밤,
나의 세상에는 아들의 죽음 외에는
아무것도 없나이다.
주여, 새벽의 빛을 가져다주소서.

아들이 죽은 것으로도 부족하오니이까?
이 상황을 바꾸기 위해서
내가 할 수 있는 것이 아무것도 없나이까?

불 꺼진 죽음의 복도를
매일 밤 방문하면서 살아야만 하나이까?
주여, 자비를 베풀어 주소서!
새벽을 가져다주소서!
이 밤에 임하셔서
어둠을 찢고 빛이 임하게 하소서!

나의 하나님이여,
주는 희망이시니이다.
주는 죽음의 뼈들을 가져다가
그것을 쪼개
생명의 조각으로 만드시는 분이시니이다.
어둠의 악마들은
주께서 빛으로 임하시는 것을 보고
두려워 숨나이다.
주만이 어둠을 몰아내시며
부드럽게 빛나는 아침 햇살을
만들어 내시는도다.
주는 빛의 하나님이시고
내 영혼의 빛이시오니,
주를 막을 자 아무도 없으리로다.

탄식 시편 17

하나님이여,
나는 잊혀진 땅에 살고 있나이다.
나는 내 손을 주께 뻗으오나,
거기에는 아무것도 없나이다.
나는 밤낮으로 울고 있사오나,
주께서는 나를 불쌍히 여기지 아니하시나이다.
나는 주께 기도하오나,
주는 외면하시나이다.
주여,
왜 나를 도와주지 아니하시나이까?

주는 주의 원수들에게 긍휼을 보이시고
믿음 없는 자들이 주께로 돌아오기를 바라시오나,
어린아이 때부터 주를 섬겨 왔고
주의 언약 안에 살아온 나는
한 마리 곤충처럼,
마치 주 앞에 없는 사람인 것처럼
주의 보좌에서 멀리 내던져졌나이다.
내가 언제까지
주의 거룩함 바깥에서 살아야 하는 것이오니이까?
내가 언제까지
죽음만이 도사리고 있는 불경한 지옥의 삶을

견뎌야 하는 것이오니이까?
내가 언제까지
사랑하는 아들이 존재하지 않는 것 때문에 겪는
이 생생한 상처를 느껴야 하는 것이오니이까?
주여, 되돌려 주소서!
아들을 돌려주소서!

하나님이여,
왜 주께서는 생명 안에 죽음을 창조해 놓으셨나이까?
왜 주께서는 우리가 서로 사랑하게 해 놓으시고
그 사랑하는 사람을 데리고 가시는 것이나이까?
하나님이여,
이 잊혀진 땅에서 나를 데려가 주시어
주 안에서 한 번 더 평안을 누리게 하소서.
내 앞에서 죽음을 밀쳐 내시고
주의 손으로 나를 붙잡아 주소서.

주께서 나를 잊지 아니하시리라는 것을
내가 마음 깊이 알고 있도다.
주의 은혜는 사방에 둘러 있으며
주의 사랑에는 조건이 없도다.
주여,

주는 나와 언약을 맺으셨고
그 언약은 영원무궁할 것이오니
주는 나를 잊지 아니하시리로다.

탄식 시편 18

하나님이여,
어찌하여 주는 나를 이 사막에
먹을 것도 없이 내버려 두시나이까?
나는 주의 정의를 갈망하며,
나는 주의 공의에 굶주려 있나이다.
주여, 나를 먹여 주소서!
주의 양식이 없어
나는 굶주리고 있나이다.
나는 주가 필요하오나,
어찌하여 주는 나를
이 황량한 땅에 내버려 두시나이까?
주는 나의 하나님이 되시는 게 수치스러우시나이까?
주는 내가 주께서 지으신
신실한 자들을 위한 도성에 들어가는 것을
더 이상 반기지 아니하시는 것이니이까?
이 상실의 아픔에 끝은 없는 것이니이까?
나는 나의 심장을 잃어야만 하고
이제 내 영혼도 잃어야 하는 것이니이까?

내게 귀 기울이소서, 주여.
내 영혼은 내 안에서 쪼그라들고 있나이다.
내 영혼은 딱딱하게 굳었고 비싹 말라 있어

거룩한 주의 생기가 담긴 수분이 필요하나이다.
나의 영혼은 방치되어 무감각해졌나이다.
왜 주는 나를 무시하시나이까?
공중의 새들도 돌보시는 주여,
내 영혼을 불쌍히 여겨 주소서.

쓴 약초는 그만 물리시고
내게 생명의 양식을 가져다주시오면
내가 힘을 얻고
주의 거룩한 이름을 찬양하기 위해 모인 자들과
연합할 수 있겠나이다.

나의 영혼이 주께 부르짖으며
나의 영혼이 주를 갈망하는도다.
주는 처음과 나중되시오니,
거룩하신 주여,
나를 기억하소서.

탄식 시편 19

주여,
그들은 성전에서 무엇을 송축하고 있나이까?
어떤 기쁨이 있길래
그들은 찬양하고 있는 것이니이까?
찬양하는 그들의 목소리가
공중을 가득 채우고 있고
주의 강림에 감사하는 찬송이
나의 귀에 가득 차오르고 있나이다.
주께서 내게 오지 아니하시면,
주여,
내가 어떻게 그들과 함께 찬양할 수 있사오리이까?
주께서 여기에는 강림하지 아니하실 거라면,
어떻게 내가 '영광'을 외칠 수 있사오리이까?

내 하나님이여,
나의 마음속에는
주를 향해 문이 열린 여인숙이 있사오니,
거룩하신 주여,
주께서 내 안에서 다시 한 번 태어나소서.
나의 비참한 인생 가운데로 들어와 주소서.
나의 절망 안에 거하소서.
내 안에 있는 구유에서 태어나시면

나는 다시 한 번
내 마음속에서
큰 기쁨의 복음을 듣게 되리이다.
천사를 보내시어,
주여,
나의 부르짖는 소리를 듣고 계셨다는 것과
슬픔 가운데 있는 나를 찾아오실 거라는 소식을
선포하소서.
주여, 그리하시면
내가 다시 한 번
나의 마음속에서 일어난 이 이야기를
전할 수 있으오리이다.
다시 한 번
나의 목소리는 소리 높여 외칠 것이오며
주의 거룩한 이름을 찬양하는
천사들과 함께
나는 행진하며 찬송하고
성소에서 송축하리이다.

주께 영광 돌리오니,
주는
하루 종일 울고 있는 자의 삶 속에도

강림하시니이다.

주는 어둠 가운데 있는 나와 동행하기를

부끄러워하지 아니하시오니,

가장 높은 곳에서

주께 영광 드리나이다.

주는 나의 울부짖는 소리를 들으시고

내게로 오셨사오니,

내가 그 큰 빛을 보았도다.

탄식 시편 20

주의 원수에게서 나를 구원하소서, 주여!
내가 악마를 대면하여 보았나이다.
그 끔찍한 눈이 내 영혼에 파고들었나이다.
차가운 손가락으로 악마가 내 심장을 눌렀으며,
그때에 나는 땅바닥으로 고꾸라졌나이다.
하나님이여,
나는 주께 울부짖었사오며,
주여,
주는
평범한 영혼들이 그러는 것처럼
내가 생명과 씨름하도록
나를 내버려 두셨나이다.
지칠 대로 지치고
상할 대로 상한 나의 영혼은
잃은 자의 뜨겁게 타오르는 눈물로
가득 차 있나이다.
악마가 나를 벼랑으로 밀고 있나이다.
그의 눈은
내가 얼마나 연약한 존재인지를 보며
기쁜 기색을 띠나이다.
악마는
나의 눈물과 주께 부르짖는 나를 보며

큰 소리로 비웃고 있나이다.

내가 간절히 주의 얼굴을 보기 원하오나,
얼마나 오랫동안, 주여,
얼마나 오랫동안
주께서 악마의 손아귀에서
나를 구하러 오시기까지
내가 기다려야 하나이까?
나를 주장하소서, 주여.
악마의 손아귀에서 나를 꺼내
다시 한 번 자유롭게 살게 하옵소서.
악마를 기절시킬 만한 새로움을
내 안에 풀어놓아 주옵소서.
악마의 치명적인 이빨로부터
나를 빼내 주시고
주의 권능으로
마귀의 넋이 나가게 해 주옵소서.

주여,
주의 길은 경이로우시니이다.
주의 목소리는 우주를 호령하시니이다.
주께서 나의 부르짖음에 응답하시오니

마귀가 도망치니이다.
주께서 나의 기도에 응답하시오니
나의 영혼이 숨을 쉬리이다.
주께 감사드리오니, 주여,
주는 내 존재의 숨결이시니이다.

탄식 시편 21

하나님이여,
이 고통은 결코 멈추지 아니하는 것이니이까?
눈 위에 눈이 내리듯
아픔이 아픔 위에 내리나이다.
좀 괜찮아졌다고 생각하는 순간
나는 또 다시 밀려 넘어지나이다.
정녕 끝은 없는 것이니이까?

아픈 곳이 계속 공격당하고 있어
상처가 아물지를 아니하나이다.
감염된 곳에서 고름이 흘러나오며,
나는 이 열병이 영원할 거라고 생각하기 시작했나이다.
다시 웃게 될 거라는 희망은 없는 것이니이까?
눈물이 멈추게 될 거라는 희망도 없는 것이니이까?

거룩하신 주여,
오직 주만이 이 쇄도하는 불행을 멈출 수 있나이다.
오직 주만이 고름을 파헤치고 나를 발견하실 수 있나이다.
오직 주만이 나의 찡그린 이마를 펴 주시고
상처를 치료해 주실 수 있나이다.
치료자이신 주여, 오소서.
이전에 나에게 오신 주를 신뢰하오니

오셔서 나에게 희망을 주소서.
우리는 주의 이름을 믿고 부르오니
주께서 손을 뻗어 우리의 상처를 꿰매 주시고
우리를 일으켜 세워 주소서.

영혼을 치유하시는 주여,
주께서는 멀리 계신 분이 아니시라는 것을
내가 아나이다.
고통을 치유하시는 주여,
주는 결코 나를 버리지 아니하시며,
나의 상처를 꿰매 주시고
나의 영혼을 평온하게 회복시켜 주실 것을
내가 아나이다.
주는 나의 축배이시고 기쁨이시오니
나는 힘을 얻어 다시 한 번 주를 섬기리이다.

탄식 시편 22

하나님이여,

어디에서 주를 찾아야 할지 모르겠나이다!

나는 부르짖고 또 부르짖었나이다.

나는 찾고 또 찾았나이다.

나는 내 방으로 돌아가 어둠 가운데 앉아 주를 기다리나이다.

주께서 들으셨다는 징표를 나에게 주실 수는 없는

　　　것이니이까?

나의 감각을 마비시키셔서

내가 더 이상 아픔을 느끼지 못하도록 하실 수는 없는

　　　것이니이까?

나는 제자리를 맴돌고 있나이다.

나는 의자에 앉아 돌처럼 굳어 가나이다.

나는 눈물을 한 바가지 쏟아 내나이다.

나는 창밖을 바라보나이다.

나는 부엌으로 가나이다.

나는 냉장고를 여나이다.

그러나 거기엔 내가 원하는 것이 없나이다.

나는 냉장고 문을 다시 닫나이다.

나는 TV를 켜나이다.

목소리들이 너무 시끄럽나이다.

얼굴들이 너무 환하나이다

나는 그 소리들을 죽이고

그 얼굴들을 꺼 버리나이다.

정적(靜寂)은 나의 친구이자 원수이나이다.

나는 위층으로 올라가나이다.

나는 침대에 눕나이다.

나는 다시 일어나나이다.

나는 창문으로 걸어가나이다.

주로부터 오는 징표가 아무것도 없나이다!

하나님이여,

주께서 아무런 징표를 주지 아니하시오니

나는 죽어가나이다.

기묘자*시여,

주께서는 모든 것을 바꾸실 수 있나이다.

주께서는 죽음의 생각들로부터 구원하여

기분을 전환시키실 수 있나이다.

주께서는 살아야 할 이유들로 나의 삶을 가득 채우실 수

　　　있나이다.

주께서는 밤을 짧게 만드실 수 있나이다.

★ 예언자 이사야가 오실 메시아에 대해 사용한 여러 이름 중 하나로 '놀라우신 분'이란 뜻.

주께서는 내가 주를 찾도록 허락하실 수 있나이다.
주여, 더 이상 나에게서 숨지 마소서.

주여,
주는 주의 이름을 부르는 자들에게 모습을
나타내 보이소서.
나를 실망시키지 아니하시는 주를 송축하리로다!

탄식 시편 23

나에게 말씀하소서,
주여,
나에게 말씀하소서!
나를 도와주시겠다고 말씀해 주소서.
큰 소리를 말씀해 주소서!
주의 입에서 나오는
자비의 음성을 듣게 하소서.
그 음성이 나의 심장에 쏟아지게 하사
심장이 다시 한 번 뛰게 하소서.

주여,
주는 지난날 주의 백성이 신음하는 소리를 들으시고
그들에게 말씀하셨나이다.
주는 지난날 그들을 구원하셨나이다
거룩하신 주여,
주의 말씀을 기다리고 있는 나에게도
지금 말씀하소서, 주여.
나에게 말씀하시면 내가 소생하여
주를 다시 따르리이다.
나의 하나님이여,
말씀하소서.
주의 마음이 담긴 언어로

나에게 말씀하소서.

말씀하시면

내가 주의 백성 가운데로 뛰어가리이다.

들을 귀 있는 모든 자들은

나를 춤추게 한 주의 말씀을 듣고 놀라리이다.

나는 주의 말씀 가운데서 나의 생명을 찾았사오니,

주여,

내가 영원토록 주께 영광 돌리리이다.

탄식 시편 24

나의 하나님이여,
이것은 공평치 못하나이다!
나는 지나가는 사람들을 보고 있나이다.
그들은 걷고 이야기하며 먹고 노나이다.
그들은 웃고, 여행하고, 일하고,
결혼하고, 출산하며 살아가오나,
우리는 죽음의 탁자에 둘러앉아 있나이다.
우리는 웃을 수도 없고 살 수도 없나이다.
우리의 삶은 죽음의 그 순간에 멈추어 있나이다.
아들의 생명이 거두어졌을 때,
우리의 삶은 영원히 바뀌었나이다.
우리 하나님이여,
왜 주께서는 우리에게만 이렇게 불공평하신 것이니이까?
왜 우리는 이렇게 우는 자들로 선택되었나이까?

하나님이여, 불공평하나이다!
우리가 주께 속한 자들이라는 것을 모든 사람이 아나이다.
우리는 성전에서 그것을 선포했나이다.
자비로우신 주여,
왜 우리는 죽음의 탁자에 앉아 있나이까?
우리를 옮겨 주소서,
권능의 하나님이여,

우리를 생명의 탁자로 옮겨 주소서.
주의 아들의 이름으로
우리에게 빵을 주시고 포도주를 주소서.
우리에게 생명을 다시 허락하소서!
주께서 우리 머리 위로 생명의 빵을 쪼개기만 하셔도
그 생명의 부스러기가 넘치겠나이다.
주께서 우리 가까이에서 생명의 포도주를 붓기만 하셔도
그것이 튀겨 우리를 소생시키리이다.

영광의 하나님이여,
죽었던 우리의 심장이 다시 뛰나이다.
우리의 입에서 호산나 찬송이 흘러나오나니,
영원한 생명이신 주 앞에
우리가 꿇어 경배드리나이다.

탄식 시편 25

하나님이여,
주의 지으신 세계에 무슨 일이 일어났던 것이니이까?
무고한 자가 죽는 이 세계는 어떤 세계이니이까?
죽음을 멈추게 하지 아니하시고
주의 손은 어디에 계시나이까?
세상이 이토록 주의 이름을 부르는데
주는 언제까지 보고만 계실 것이니이까?
피로 이룬 강물이 거리를 범람하고 있는데
주는 언제까지 기다리고만 계실 것이니이까?
주는 무고한 자가 죽는 것을 내버려 두시고
가해자가 그냥 자유롭게 가도록 내버려 두실 것이니이까?
무고한 자가 무덤에서 차갑게 누워 있는데
가해자가 길거리에서 끔찍하게 웃고 다니도록
내버려 두실 것이니이까?

하나님이여,
이 지옥 앞에서 주의 거룩하심은 어디에 있나이까?
가해자를 속박하시고,
주여,
주 앞에서 살도록 무고한 자를 놓아주소서.
무고한 자의 무덤을 열고,
그들을 주의 품으로 데려가소서.

그들의 차가운 입술에 입 맞춰 주시고
그들이 주의 영원한 안식(샬롬) 안에서
영원토록 살게 하소서.

거룩하신 주여,
무고한 자가 주를 바라보며 그토록 울고 있는데도
주께서는 무심한 것 같아 어안이 벙벙하나이다.
주의 의분은 어디에 있는 것이니이까?
주의 강한 손은 어디에 있는 것이니이까?
왜 원수들이 주의 피조물을 농락하고
주의 자녀들을 살해하도록 내버려 두시나이까?

자비로우신 주여,
내가 무릎을 꿇나이다!
이 혼돈 속에서
평화를 가져다주시기를 간절히 비나이다.
홍해를 다시 한 번 갈라 주사
주의 백성을 구원하소서.
하늘에서 내려오사
힘이 없는 자들을
주의 팔로 끌어안으시고
이 공포스러운 세상으로부터 그들을 구원하소서.

공의로우신 주여,

오직 주만이 우리의 피난처이시오니

이 재앙들을 멈추어 주시고,

굽어 살펴주사 주의 백성을 평안케 하소서.

탄식 시편 26

나는 무릎 꿇고 도움을 간구해 보오나,

주여,

주는 도움을 주지 아니하시나이다.

나는 끊임없이 주를 찾아보오나,

나는 주를 발견하지 못하고 있나이다.

나는 주의 집 문 앞에 서서 두드려 보오나,

그 문은 내게 열리지 아니하나이다.

생선을 달라고 간구하고 있는 나에게

뱀을 주지 마소서.

달걀을 달라고 간구하고 있는 나에게

전갈을 주지 마소서.

주여,

나는 주의 얼굴 보기를 간절히 바라나이다.

나는 주의 거룩함에 굶주려 있나이다!

죄인인 우리도

우리 자녀들에게 어떻게 좋은 것을 주어야 할지

알고 있나이다.

그러하오니,

나의 주여,

주의 거룩한 영을

내게 허락하소서.

주여,

주는 희망의 문이시오니

그 안으로 나를 들이실 것이며

"나의 너의 하나님이라"라고 말씀하실 것이오니,

나는 주께 꿇어 엎드려 경배하며

받을 것이고 찾을 것이니이다.

나는 계속해서 구하고 찾고 두드릴 것이오니,

그 문은 나에게 열릴 것이고,

나는 주의 은총 안에 살게 될 것이고,

나의 입은 주를 향한 찬양으로

영원히 가득 차게 될 것이니이다.

탄식 시편 27

내 마음에 계신 주여,
별들이 뜨지 않을 때
나는 주의 이름을 부르나이다.
내 영혼의 하나님이여,
공포의 격류가 엄습할 때
나는 주께 피하나이다.
자비로우신 주여,
내가 슬픔의 돌부리에 걸려 넘어질 때
나는 주를 향해 손을 뻗치나이다.
공의로우신 주여,
비통의 산사태가 밀려올 때
나는 주께 부르짖나이다.

나는 별들이 빛을 발하던 밤 아래에 앉아,
빛나는 별들 가운데
파랗게 번진 해변을 걸을 수 있을 때까지
하늘의 빛나는 광채들을 넋 놓고 바라보던 때를
추억하나이다.
별들이 하늘을 떠날 때
주여,
주께서도 그들과 함께 떠나셨사오며
그때 별들의 반짝임도 멈추었나이다.

그리고
박동이 겨우 뛰는 심장을 가진
나만 홀로
별빛 없는 하늘 아래 남았나이다.

다시는 주의 별들이
반짝이지 아니하오리이까?
다시는 그 별들이
주의 신비를 말하지 아니하오리이까?
다시는 그 별들이
나의 영혼에 대고
그들의 노래를 부르지 아니하오리이까?
다시는 내가
별과 하늘 가운데 계신
주의 신비를 알지 못하게 되오리이까?

내 마음에 계신 주여,
밤을 벗겨 내시고
하늘을 쳐다보고 있는 나의 얼굴에
별빛을 부어 주소서.
별들이 가득한 하늘을 내 눈이 들이키게 하소서.

나의 영혼이 믿음의 확신을 가지고
다시 노래 부르게 될 때까지
나의 마음이 반짝이는 별빛으로 흠뻑 젖게 하소서.

내 마음에 계신 주여,
주의 자비와 정의로
나의 이름을 불러 주시오면,
별들이 처음 노래하던 그날 아침처럼
그들이 다시 빛나게 되리이다.

탄식 시편 28

주여,
나의 말을 들어 주소서!
나는 죽음의 종국에 이르러 괴로워하고 있고
설명을 요구하는 자들에게 시달리고 있나이다.
아들의 죽음으로 인한 고통이 충분하지 아니하다는 듯이
그들의 수군거림은 면도날처럼 나의 마음을 파고들어
다시 피를 흘리게 하나이다.
주여,
나를 불쌍히 여겨 주사
그들을 문턱에서 멀리 쫓아내 주소서!

주여,
내가 왜 그들과 상대해야 하나이까?
그들은 나의 집 문 앞에 웅크리고 앉아
작은 목소리로 수군대는 소리를
우리 집 창문으로 흘려보내나이다.
"그가 재수가 없어서 그 일을 겪은 거야!"
내 생명의 하나님이여,
주께서도 바로 그곳에 계셨었다고 말씀해 주소서!
이 땅 위에 어느 곳도
주께서 안 계신 곳,
안 계신 시간이 없다고 말씀해 주소서!

주께서 그에게 주의 마음을 보여 주셨을 때처럼,
사고 당해서 죽었을 때도
주께서는 그를 주의 팔로 안으시고
그의 눈에서 눈물을 닦아 주시며
주의 얼굴을 그에게 보여 주셨다고 말씀해 주소서
생명이 있는 곳이든 죽음이 있는 곳이든
주께서는 언제나 우리와 함께 계시다고
말씀해 주소서.

주여,
나를 불쌍히 여겨 주사
그들을 문턱에서 멀리 쫓아내 주소서!

주여,
마치 주께서 극단적인 이기주의자이신 것처럼,
주께서 높은 곳에서 재빨리 내려와 나를 낚아채신 것처럼,
주께서 나의 사랑을 반복해서 확인하기 위해 그러신 것처럼,
마치 주께서 나의 마음을 알지 못하고 있으신 것처럼
그의 죽음은 나의 믿음에 대한 시험이었다고
그들은 시끄럽게 까치처럼 마구 지껄여 대고 있나이다.

주여,

나를 불쌍히 여겨 주사
그들을 문턱에서 멀리 쫓아내 주소서!

주여,
주는 그들이 말하는 그런 분이 아니라는 것을 내가 아나이다!
주는 그를 정말로 사랑하셨고,
주와 함께 하늘에서 살기 원하셨다는 것을 내가 아나이다.
주여,
그들은 주를 모독하며
그의 죽음을 가치 없게 만들고 있나이다.

주여,
나를 불쌍히 여겨 주사
그들을 문턱에서 멀리 쫓아내 주소서!

주여,
나의 두 귀는
그것이 주의 뜻이었다고
확성기에 대고 말하는 듯한
그들의 지껄임 때문에
고통 받고 있나이다.
주는 사랑의 하나님이라는 것을 내가 아나이다.

주의 뜻은 생명이라는 것을 내가 아나이다.
주의 이름은 긍휼이시니이다.
자비로우신 주여,
그들을 멀리 쫓아내 주소서!
내가 울도록 내버려 두게 하소서.
온종일 울고 있는 나의 옆에
조용히 앉아 있는 친구들과 함께 있도록
나를 내버려 두게 하소서.
주의 말씀에 마음을 열수 있도록
나를 내버려 두게 하소서.
그들을 멀리 쫓아내 주시고,
나의 마음에, 나의 영혼에
주의 사랑의 말씀을
다시 한 번 새겨 주소서.

자비로우신 주여,
어떤 괴로움이든
내가 주께 못 가져갈 것이 없나이다!
오직 주만이 내가 의지할 이시니이다!

탄식 시편 29

나는 밤이면 밤마다 눈물을 모아
주께로 보내나이다.
나는 밤이면 밤마다
눈물에 젖어
주 앞에 나오나이다.
자비를 베풀어 주소서.
나의 흐느낌을 들으시고
나에게로 주의 마음을 돌려 주소서.

나는 지난 날 때문에 울었지만,
이제 다시는 지난 날을 위해 울지 아니할 것이니이다.
나는 더는 불가능한 미래를 위해 울고 있나이다.
나는 사랑하기 때문에 울고 있나이다.
강가의 버드나무처럼
나는 눈물의 무게로 인해 휘어 버렸나이다.
눈물이 나의 인생을 휩쓸어 버렸고,
눈물을 주체할 수 없게 되었나이다.
주여,
눈물에 익사당하기 전에 나를 구원해 주소서.
주여,
나의 울음소리에 귀를 닫고 계시나이까?
가라앉고 있는 나를 보지 아니하시려

주는 눈을 감고 계시는 것이니이까?
밤이면 밤마다 주는 나를 잊으신 것이니이까?
예루살렘을 위해 눈물 흘리던
주의 아들의 울음소리를 주께서 듣지 아니하셨나이까?
나사로가 죽었을 때
주의 아들이 흘린 눈물을 주께서 돌보지 아니하셨나이까?
마리아가 오라비를 잃고 눈물 흘릴 때
주의 아들이 얼마나 가슴 아파했는지
주께서 보지 아니하셨나이까?
주여,
나는 밤이면 밤마다 눈물을 모아
주께로 보내고 있사오니
나를 돌아봐 주소서.

주의 손은 바다를 가르실 수 있고
슬피 우는 자의 눈물을
부드럽게 닦아 주시오니,
주여,
나는 주를 의지하나이다.
나는 날마다,
주여,
주를 의지하나이다.

탄식 시편 30

고통이 계속해서 나를 엄습해 오나이다!
고통을 멈추어 주소서,
주여,
고통을 멈추어 주소서!

나는 멈추지 않는 혼란 가운데 살고 있나이다.
혼돈이 나의 발목을 꽉 잡고 있고
불안이 계속해서 나를 휘젓고
혼란스럽게 하고 있나이다.
나는 완전히 혼자이나이다.
아무도 알아주는 이가 없나이다.
정말 아무도 알아주는 이가 없나이다!

잘 하고 있다고 생각하지만,
나는 슬픔에 무너지기까지
갑자기 솟아올라 뒤덮어 버리는
파도 같은 아픔을 멈추게 할 수 없나이다.
나의 감정이 내 몸을 사로잡았고
나의 영혼은 불안하게 미끄러지고 있나이다.
나는 아무 말도 할 수 없나이다.
주여,
누가 나를 대신해서 말해 주오리이까?

나는 서 있을 수 없나이다.
누가 나의 인생을 다시 살 수 있도록
붙잡아 주오리이까?
거룩하신 주여,
주가 아니시면 누가 그러하오리이까?
내가 도움을 간구할 때
주께서는 결코 내게서
등을 돌리지 아니하시리이다.

주여, 나의 온 삶은 주님의 것이니이다.
내가 만약 기어가야 한다면,
주의 길에서 벗어나지 아니하게 힘쓸 것이니이다.
기절하거나 정신을 놓지 아니하게 하소서!
수척해지지 아니하게 하소서!

이 불행의 대홍수를 멈추어 주소서!
나를 대신해서 말씀해 주소서, 주여!
사람들 가운데 서서
나를 대신해서 말씀해 주소서!
내가 걸어갈 때 내 손을 잡아 주사
거룩한 길을 가고 있는 사람들에게서
벗어나지 않도록 해주소서.

모든 역사를 주관하시는 주여,
내가 주를 아오니,
내가 마음에 상처를 입었사오나
주는 나를 치료하시리이다.
주는 길이시고
진리이시고
생명이시니이다.
주는 '나의 길'이시고
'나의 진리'이시고
'나의 생명'이시니이다.

나는 희미하게 타는 촛불이오나
주는 결코 나를 끄지 아니하시리이다.

내가 다시 증거하며 걸으오리니,
주께서 나의 아픔을 낫게 하시리로다.
주의 따뜻한 손이 그 아픔을 녹이시리니,
내가 손뼉 치며 주를 영원히 찬양하리로다.

탄식 시편 31

주여,
얼마나 오랫동안 주께서는 주의 백성이
죽음 속에서 웅크리고 사는 것을 보고만 계시려 하나이까?
온 세상이 눈물의 옷을 입었고,
나는 날마다 죽음의 장소들을 걷고 있는
유가족의 행렬 가운데 끼어 있나이다.
우리는 모두 바다에 빠졌나이다.
우리는 전쟁터에서 피를 흘리고 있나이다.
우리는 모두 침상에 뻣뻣하게 누워 있나이다.
우리는 모두 재판정에서 판결을 받았나이다.
우리는 범죄의 피해자들이나이다.
우리는 모두 집 없는 자들이고 배고픈 자들이나이다.
이것으로는 부족하나이까?

우리는 정신적인 질병 때문에 고통 받고 있나이다.
우리는 사랑하는 사람들에게 버림받았나이다.
우리는 실직자들 사이에 줄 서 있나이다.
우리는 거리에서 생활하나이다.
우리는 장애를 안고 살아가나이다.
우리는 사고를 당해 불구가 되었나이다.
우리는 가정 문제 때문에 괴로워하나이다.
우리는 약물 남용과 싸우고 있나이다.

주여, 아직 충분히 듣지 못하셨나이까?
우리는 경찰서에 앉아 있나이다.
우리는 사랑하는 이들이
아픔에 힘겨워하는 모습을 지켜보고 있나이다.
우리는 까닭 없이 비난을 받고 있나이다.
우리는 편견과 미움을 마주하고 있나이다.
우리는 모욕당하고 있으며 조롱당하고 있나이다.
우리는 견디기 힘든 스트레스와 불안과 싸우고 있나이다.
우리는 무덤가에서 울고 있나이다.

창조주 하나님이여!
우리는 주의 백성이니이다.
우리는 주의 손으로 지음 받았나이다.
이렇게 어려움을 겪고 있는 주의 피조물들에게
더 이상의 은혜를 베풀어 주지 않으시려 하나이까?
우리는 살아 있는 죽음의 구덩이 주변을 맴도는
이 터무니없는 행진을 계속해야만 하나이까?

태양도 없고, 달도 없고, 별도 없나이다.
길이 보이지 아니하나이다.
주여, 주께서 지으신 세상을 불쌍히 여겨 주소서.
울고 있는 이 세상을 불쌍히 여겨 주소서!

우리는 주께서 우리의 머리와 우리의 마음속에
넘치도록 부어 주신 주의 은혜를
전부 기억하나이다.
주는 빛을 선물로 주셨고,
그리하여 우리는 삶의 행진 가운데
고개를 들 수 있었나이다.
주여,
주의 성전으로 우리를 회복시켜 주소서.

우리를 돌아보시고
주의 마음을 움직여 주사
유가족들을 묶고 있는 족쇄를 끊어 주소서.
우리의 기쁨이 이 소망 가운데 있나이다.
그날이 오면
우리는 삶의 행렬에 합류하여
영원히,
영원토록 찬송을 부르리이다.

탄식 시편 32

주여,
주의 이 잔혹한 세상에 대하여
설명해 주소서.
이해하고 있지 못하는 자들을
이해시켜 주소서!
왜 선량한 자가 죽어야 하는지,
왜 악한 자들이 살인을 또 저지르며 살고 있는지
말해 주소서.
왜 신실한 자들이 외면당하며,
왜 자칭 의인들이 손가락질을 하고 있는지
말해 주소서.
왜 상처 받은 자들이 상처를 받아야 하며,
왜 슬픔은 슬픔의 어깨 위로 떨어지는지
말해 주소서.
왜 학대 받는 이들이 학대를 받아야 하며,
왜 피해자들이 피해를 당해야 하는지
말해 주소서.
왜 물에 빠져 죽어 가는 이에게 비가 내리며,
왜 지진이 일고 난 후에 여진이 일어나는지
말해 주소서.
주여,
이것이 이 세상이 돌아가는 방식이나이까?

자비로우신 주여,
참사들 가운데서
쉬게 하소서.

우리는 주의 백성이오니
우리에게 말씀하소서.
희망이 없는 자에게
희망에 대하여 말씀해 주시고
사랑 받지 못하는 자에게
사랑에 대하여 말씀해 주시고
안식처가 없는 자에게
안식처 대하여 말씀해 주시고
죽어 가는 자에게
존엄성에 대하여 말씀해 주시고
멸시 당하는 자에게
존중에 대하여 말씀해 주소서.

주여,
우리에게 부활하신 분에 대하여 말씀해 주소서!
시련의 눈물의 파도가 밀려오고 있음에도 불구하고
우리는 새로운 생명에 관한 주의 이야기를
기억하고 있사오니

희망에 대하여 말씀해 주소서.

창조주 하나님이여,
이 세계에 대하여 다시 말씀해 주소서.
겨울은 지나갈 것이고,
봄이 와서 우리를 새롭게 씻어 줄 것이며,
이 세상은 다시 푸르게 변할 것이고,
우리는 주의 동산 안에서
새로운 피조물이 되리라는 것을
말씀해 주소서.
슬픔의 촉수들로부터 우리를 자유케 하소서.
그러면 우리는 얼굴을 땅에 대고 주를 찬양하리이다.
선하신 주여,
새롭게 푸르러진 세상의 하나님이여!

탄식 시편 33

주여,
또 다시 나쁜 소식을 듣게 될까 봐
전화 받는 것이 두렵나이다.
나는 끊임없는 걱정 가운데 사나이다.
스트레스가 나를 병들게 하고 있나이다!
주여,
주는 나의 영혼을 위한
진정제를 갖고 계시나이까?

주와 함께한 나의 인생이 모두
헛된 것이었나이까?
나의 마음이 그렇게 가치가 없었나이까?
나의 신실함이 아무런 의미가 없었나이까?
오래전
나는 나의 마음을 주께 드렸사오나,
그것이 버려졌나이다.
그 마음은 짓밟히고 부서진 채로
길가에 버려져 있나이다.
왜 주께서는 이러한 재앙들을 보내셨나이까?
나는 주께서 재앙들을 주의 원수들을 위해
아껴 두신다고 생각했었나이다.
왜 나는 주와 함께

평안 가운데 걷지 못하는 것이니이까?
어디를 가든지, 어느 때든지
나는 주를 놓쳐 버렸나이다.

주의 용서를 구하나이다.
내가 길을 잃어버리거든,
나를 주께로 인도하소서.
내가 주를 부인하거든,
나를 다시 불러 주소서.
사죄의 말씀 드리기 위하여
내가 주 앞에 무릎을 꿇나이다.
나를 용서하시고
생명을 다시 허락하소서,
주여!
나를 용서하시고
나의 생명을 소생시켜 주소서.
이 혼란스런 삶에서 나를 구해 주소서.
오직 주 안에서만 생명이 흐르오니
용서받았다는 확신을 나에게 주소서.
오직 주만이 이 폭풍우를 멈출 수 있으시오니
나의 영혼을 잠잠케 하소서.

주만이 오직 주만이,
오직 주만이 거룩하시나이다.
주를 떠나서는
나의 영혼이 아무런 희망도 가질 수 없사오니,
주는 주의 백성과 함께하시겠다고 약속하셨고
밤낮으로 나는 그 약속 안에 잠겨 있나이다.

주의 얼굴 앞에서
나는 나의 영혼을 붙들고 있나이다,
주여!
주의 강한 손으로 내 영혼을 취하소서!
그리하시면 나의 모든 걱정이
증발할 것이니이다.
나의 영혼이 안전한 줄
내가 알게 될 것이니이다.

나의 마음이 주를 찬양하리로다!
거룩하신 주께
감사하리로다!

탄식 시편 34

말해 주소서, 거룩하신 주여,
왜 내가
이 거룩하지 못한 지옥의 땅에서
살아야 하나이까?
모든 생명이 거룩한 것이라면
이것은 무엇이니이까?
그리고 왜 내가 선택받은 것이니이까?
여기서 빠져나갈 어떤 방도라도 있는 것이니이까?
내가 이렇게 갇혀 있는 이유라도 있는 것이니이까?
평생 동안
나는 여기에 머물러 있어야 하는 것이니이까?

지옥으로 내려오셔서,
주여,
주의 종을 보소서!
주께서는 혹시 다른 사람과 나를
혼동하신 것은 아니시나이까?
주께서는 나에게서
신실하지 못한 죄라도
찾으신 것이니이까?
주께서는 나를 재판하시고
기소하신 것이니이까?

나를 대변해 줄 이가
아무도 없는 것이니이까?
나는 나 스스로를
변호해야만 하는 것이니이까?
나는 재판도 못 받은 채로
지옥 불에 타 죽어야 하는 것이니이까?

나에게 자비의 물을 부어 주소서,
지극히 거룩하신 주여!
멈추지 마시고
나에게 자비의 물을 부어 주소서!
이 지옥의 굴에서 나를 자유케 하소서!
불의 혀를 취하사
내 머리에 얹으시고,
주의 영으로 나를 축복하소서!
나를 이 지옥의 삶에서 꺼내 주소서.
주께서 거룩한 땅을 걷고 계시오니
내가 나의 신발을 벗으리이다.
주께서 온 땅을
주의 거룩함으로 타오르게 하시리로다!
내가 주님의 이름을 부르오니
영원에 이르기까지

끊임없이 울리며 우주를 관통하는
그 메아리를 들으리로다.
모든 것이 거룩하게 될지니라.
모든 것이 거룩하게 될지니라.

탄식 시편 35

하늘이 내려앉고 있으나
아무도 그 사실을 모르고 있나이다.
산들이 바다로 가라앉고 있으나
아무도 그것을 눈치채지 못하고 있나이다.
홍수가 땅을 뒤덮고,
회오리바람이 건물을 쓰러뜨리고,
지진이 땅을 가르고 있나이다.
내가 보는 모든 곳은
황폐된 곳밖에 없으나
사람들은 평소처럼
일터에 잘 다니고 있나이다.
주여,
나의 삶은 파괴되었으나,
사람들은 은행에도 다니고
상점에도 가나이다.
그들은 먹고 마시오나
나는 심장의 무게에 짓눌려
풀이 죽었나이다.
주여,
이것으로 내 세상은 끝났나이다!
왜 사람들은
눈물 흘리며 통곡하지 아니하나이까?

왜 이 세상은 무릎 꿇고
용서를 구하지 아니하나이까?
온 세상이 커다란 통곡의 벽이오니
나는 이 곳에 영원히 살게 될 것이니이다!

전능하신 하나님이여,
왜 나는 혼자이니이까?
주여,
주는 바벨론의 물가*에 앉아 있는 내게 오셔서
나와 함께하지 아니하시려 하나이까?
주는 성전의 잔해에 앉아 있는 내게 오셔서
나와 함께하지 아니하시려 하나이까?
주여,
나의 세계를 다시 세워 주소서!
나는 혼자이오니
내게 자비를 베푸소서.
하늘이 내려앉고 있는 것을,
주여,
아무도, 아무도,

★ 이스라엘이 바벨론에 포로로 잡혀가 살던 과거를 떠올린다. "우리가 바벨론의 여러
   강변 거기에 앉아서 시온을 기억하며 울었도다"(시 137:1).

주 외에는
아무도 모르나이다.
전지하신 하나님이여,

주만이
별들을 도로 제자리에
갖다 놓으실 수 있나이다.
나를 불쌍히 여기시고
하늘이 내려앉지 않도록 잡아 주소서.

내가 희망의 강가를 걸으리니
주께서 거기에서 나를 찾으시리로다.
주께서 손을 펴사
하늘을 도로 제자리에 갖다 놓으시리로다.
주께서 나와 함께 계시오니
나는 무릎 꿇고 감사드릴지로다.
주는 별들을 하늘 가운데
도로 가져다 놓으시리로다.

탄식 시편 36

주여,
집으로 돌아갈 수 있도록 나를 도우소서!
나는 공포의 숲에서
길을 잃었나이다.
나는 주의 말씀을 기억하는 것 외에
어떠한 지도도 갖고 있지 아니하나이다.
나는 공포에 사로잡혀 있고
비통에 잠겨 있어
갈 바를 알지 못해 두려워하나이다.
어느 길이니이까?
주여,
어느 길이니이까?
어느 길로 가야 집으로 돌아갈 수 있나이까?

주여,
나를 찾아 주소서!
나는 두들겨 맞은 것 같은 아픔 가운데서
밤낮으로 추위에 떨고 있사오니
주의 벽난로 곁으로
안전하게 다시 돌아갈 때까지
주무시지 마옵소서.
나는 세차게 몰아치는 바람을 피할

아무런 피난처가 없나이다.

고통의 우박이 떨어지고 있으나
나는 무방비 상태로 떨고 있나이다.
사방에서
고통의 나무들이 나를 잡아채고 있나이다.
돌보시는 주여,
나에겐 아무런 빛도 없사오니
밤이 오기 전
나를 찾아 주소서.
내가 공포로 인해 죽기 전에
주의 손전등을 켜사
나를 찾아 주소서.

주께서 오고 계시다는 희망 안에
내가 포근하게 누워 있으리로다.
주는 나를 찾아
집으로 가는 길로
나를 옮겨 놓으시리로다.
주여,
주는 나의 안식처이시오니
내가 더 이상 두려워하지 않으리로다.

탄식 시편 37

창문을 여시고,
주여,
나를 보소서.
나는 상처 입은 새처럼
길가에 누워
발견되기를 기다리고
도움 받기를 기다리나이다.

나는 너무 약해서
머리를 들 수 없나이다.
나는 입을 열어
주께 도움을 구하고 있으나
아무런 도움이 오고 있지 아니하나이다.
나의 뼈들은 허약해졌사오니
만약 주께서 곧 나를 찾지 아니하시면
독수리들이
내 주위를 빙빙 돌기 시작할 것이니이다.
주여, 오직 주만이
나를 구원하실 수 있나이다.

나는 주의 도움을 간구하기 위하여
기도하였나이다.

주는 내가 발버둥치는 것을 보셨사오며
나에게 주의 손을 내미셨나이다.
주는 항상 거기에 계셨나이다.
주여,
지금은 나 혼자서 움직일 수 없나이다.
나는 나 자신을 위해 아무것도 할 수 없나이다.
나는 완전히 공허해졌나이다.
주께서 나를 찾지 아니하시면
나는 결코 다시 기력을 찾지 못하리이다.

주께서 일어나 움직이시는 소리를
내가 듣기 원하오니
나의 기도에 응답하소서!
창문을 여소서, 주여!
창문으로 머리를 내밀어
나를 잡아 올려
안으로 들이소서!
주의 집에서
내가 치료되리이다.
주의 극진한 돌봄으로
내가 회복되리이다.

내가 다시 날게 되리이다.
주의 창공을 가로질러 날아다니며
다시 노래하게 되리이다.
나의 주는 상한 새들을 돌보시는 분이시오니
나의 노래로 주를 찬양하리로다.

탄식 시편 38

예전에 주께서는 여기에 계셨사오나,
주여,
주는 무대에서 속임수를 쓰는 마술사처럼
모습을 감추셨나이다.

예전에 우리는 서로 이야기를 나누었사오나,
주께서 갑자기 침묵하시기로,
나는 오직
바람에게 말하였나이다.
주는 너무 먼 곳에 계셔서
더 이상 나의 목소리가
주께 닿지 아니하나이까?

내가 외로울 때에
주께서는 결코 나를
거절치 아니하시나이다!
주께서는 내가 주의 소유라는 것을
분명히 기억하시나이다.

내가 어린아이였을 때에
나는 주의 품으로 날아가
거기에 안겼나이다.

나는 주께 숨기는 것이 아무것도 없었나이다.

지금은 계단에 버려진 아이처럼,
나는 주께서 계시지 않는
낯선 곳에서 깨어 있나이다.
이곳은 경건치 못한 땅이니
나는 여기에 있기를 원치 아니하나이다.

다시 모습을 드러내사,
주여,
나의 기도를 들으소서!
주께서 들으시오면
주의 긍휼이
바람을 타고 날으오리이다.
주께서 주의 소유를 기억하시오면
내가 살고 있는 공포에서
벗어나게 되리니
나의 발은 주의 곁에서
한 번 더 걷게 되오리이다!

탄식 시편 39

나를 결코 혼자 내버려 두지 아니하시는 주여,
주는 내게 무엇을 원하시나이까?
나의 존재는
도시의 길가에 토해져 있나이다.
나는 해변가로 밀려나 바싹 말라 버린
텅 빈 조개 껍데기이니이다.
나는 더 이상 고통 가운데서
몸부림칠 수조차 없어
가만히 누워 있나이다.
죽음이 코 앞에 다가왔사오니,
주여,
얼어서라
나에게 말씀해 주소서!
주께서 나를 경주 가운데 다시 넣으셨으니
그들이 벌써 나의 이름을 공표하고 있나이다.
계속하여
확성기가 울려 퍼지고 있나이다.
나의 머리는 소음으로 인해
쪼개지고 있나이다.
나의 모습이 얼마나 엉망인지
주께서는 아시지 아니하나이까?
내가 얼마나 약하고 미력한지

주께서는 아시지 아니하나이까?
심지어 내가 어떻게 살아왔는지
주께서는 기억하시지 아니하나이까?

주의 이름을 끊임없이 부른 자가
바로 나였사오나
나에겐 확성기가 없었나이다.
주께서는 나의 울부짖는 소리를
듣지 아니하셨나이다.
매일 밤낮으로
나는 주를 불렀사오나
주께서는 대답하지 아니하셨나이다.
내가 울 때
주께서는 주무셨나이다.
주께서는 나를 구원하실 수 있사오나
나는 지금 전혀 도움을 받고 있지 못하고 있나이다.
일어나 걸으라고
나에게 말씀하시기 위해
주께서 선택하신 시간이
바로 지금이니이다.
나는 일어날 수 없나이다!
나는 전혀 움직일 수조차 없나이다!

다시 경주를 달리기엔 너무 늦어 버렸나이다!

나의 이름을 삭제하소서!
경주에서 나를 빼내 주소서!
확성기를 멈추어 주소서!
나를 내버려 두소서!
오직 기적만이
나를 지금 도울 수 있나이다.
기묘자이신 주여,
주께서는 하늘을 걸으시며
이른 아침 시간에
태양에 불을 붙이는 분이시니이다.
긍휼함으로
주께서는 우리의 정원과
우리의 마음을 돌보시나이다.
모든 희망이 묻혀 버렸을 때
주께서는 기적을 일으키시나이다.
주께서는 우리의 약함 안에
주의 강함을 심으시나이다.
주께서 우리의 영혼에 물을 주시오면,
우리는 태양을 바라보며 자라나나이다.
그러면 우리는 경주하며 뛰게 되리이다.

은혜의 주여,

주께 감사 드리나이다!

탄식 시편 40

주여,
내 삶의 잔디밭 어딘가에 모여 앉아
나에게 돌을 던지는 자들은
누구오니이까?
아직도 부족하나이까?
비극이 오른쪽과 왼쪽 편에서
나에게 침을 뱉으나,
그것이 돌심장을 가진 그들을
저지하지는 못하나이다.
그들은 나에게 일격을 가하며
인상을 쓰고
이해하려는 아무런 노력도 없이
나를 심판하려 드나이다.

주여,
나는 비참의 회오리 속에 살고 있사오나,
그들은 곡물을 쪼아 대는 닭처럼
나를 쪼아 대고 있나이다.
그들의 입은 사소한 것들로 가득 차 있고,
내가 흐느낄 때에 그들은 귀를 닫아 버리며,
그들의 눈은 그들의 거울에 비친 이미지 외에
모든 것에 대하여 닫혀 있나이다.

그들은 법률 지식을 두르고 있사오나
법 정신은 개봉되지 아니한 편지처럼
봉해져 있나이다.

주여,
그들은 주의 말씀을 모독하고 있나이다!
그들의 입을 다물게 하시고,
기도하오니,
그들의 심장을 녹여 주소서!

주께서 가까이 몸을 구부려 주시면
나는 주의 영의 날개 위로 뛰어올라
절망의 늪에서 벗어나
높이 날아오르리이다.
나는 내 얼굴 가운데
주의 사랑의 말씀을 새겨 넣으리니
모든 이들이 보고
용서의 하나님이시요 긍휼의 하나님이신 주를
내가 찬양하는 줄을 알게 되리이다.
주여,
나는 주의 율법 정신을 신뢰하오니
나에게 가까이 와 주소서.

찬양 받으실 주여,

주의 자비는 끝이 없나이다.

주는 보기 흉한 상처를 지닌 어린아이들에게

미소를 지으시며

돌 같은 마음을

주의 사랑으로 녹여 주시나이다.

온 땅에서

주의 이름을 송축하리로다.

긍휼이 가득한 주의 말씀의 영을

송축하리로다.

탄식 시편 41

주여,
슬픔에 잠겨 체념한 채로
이 지구를 걷고 있는
상처 받은 자들을 위해
주께서는 어떤 일도 해 주실 수 없는 것이니이까?
우리는 침묵한 채로
짐을 지고 가는 자들이니이다.
우리는 하염없이 흐르는 눈물을
용감하게 삼켜 보려고
예의 바르게 보이는
가면을 쓰고 있나이다.
우리는 다른 사람들의 즐거운 인생을
망쳐 놓지 아니하기 위하여
외로움 가운데 걷고 있나이다.
우리는 밤이 되면 우는 자들이고,
주먹으로 가슴을 치는 자들이고,
장이 꼬이도록 아픈 자들이고,
머리가 쪼개지는 두통에 시달리는 자들이니이다.
우리는 공포나 수치로 인하여
마비된 자들이니이다.
우리는 가망이 없는 희망을 바라며
굴곡진 인생의 언저리를 걷고 있나이다.

우리는 주의 자비를 구하기 위하여
주 앞에 무릎 꿇은 자들이니이다.

우리를 위해
주께서는 어떤 일도 해 주실 수 없는 것이니이까?
우리들 가운데 몇 명만이라도
돌봐 주실 수는 없는 것이니이까?
우리가 서로에게 긍휼한 마음을 가지고 있사오니
우리는 감사하오리이다.

주는 우리의 하나님이시오니
우리는 주께 자비를 배웠나이다.
우리는 날마다 주의 치료하시는 자비에
희망을 두고 걸으오리니,
우리 하나님이여,
상처 입은 자들을
주의 팔로 감싸 주시고
위험에서 우리를 건져 주소서.

탄식 시편 42

주여,
나는 나를 놓아주지 아니하는 우울한 생각에 사로잡혀
살아남기 위해 고군분투하고 있나이다.
나의 혈압은 가파르게 상승하고 있고,
나는 낙담만 가져다주는
통증과 아픔 가운데 있나이다.

왜 주께서는 나에게 등을 돌리셨나이까?
왜 주께서는 나의 감정을 보호해 주지 아니하시나이까?

주께로 향할 수 없다면
나는 마음을 돌릴 곳이 아무 데도 없나이다.
주의 집으로 갈 수 없다면
나는 아무 데도 갈 곳이 없나이다.
주께서 나와 대화하지 아니하려 하신다면
나는 대화할 사람이 아무도 없나이다.

침묵을 깨고 나에게 말씀하소서.
주께서 문을 열어 주시면 내가 들어갈 수 있겠나이다.
나를 향해 고개를 돌려 주시고
나의 문제들에 집중해 주소서!

출구 없는 울타리처럼
근심이 나를 두르고 있나이다.
나는 머리 뒤에 눈이 필요하오니
나는 그것으로 무엇이 오는지 보리이다.
나는 지옥 뒤에 또 오고 있는 지옥과
협상하느라 힘이 다 빠졌나이다.
내 마음의 고통이 나에게
쉼을 허락하지 아니하나이다.
주여,
나에게 삶의 기쁨을 돌려주소서!
나에게 웃을 수 있는 이유를 주소서!

눈에서 눈물이
하루종일 날 수 있나이까?
심장이
밤낮으로 뛸 수 있나이까?
마음이
멈추지 아니하고 흥분할 수 있나이까?
나의 영혼이
이 가혹한 폭력에서 살아남을 수 있나이까?
주여,

감정을 억압하고 있는
이 회전문을 멈추어 주소서!
이 혹독한 역경의 폭풍우를
멈추어 주소서!

주여,
주는 그 손바닥에 평화를 쥐시고
새벽 날개를 타고
나의 집으로 오시나이다.
주께서 나의 눈을 열어 주시오니,
주는 출입구에 서서
주의 집으로 나를 초대하시나이다.
주여,
주는 나의 평강이시나이다!

탄식 시편 43

목자이신 주여,
우리는 길을 잃었나이다!
주는 우리를 찾지 아니하시나이까?
주여,
주의 양들이
주의 장막에서 나와
방황하고 있나이다.
우리에게 비바람이 몰아치고 있고,
우리는 무섭게 퍼붓는 우박으로 인해
불안과 혼란에 사로 잡혀 있나이다.
우리는 공황 상태에 빠져
주의 음성이 들리지 아니하고
주의 따스한 온기가 느껴지지 아니하는 밤으로 들어가
그곳에서 이리저리 방황하고 있나이다.
그런데도
주께서는 우리를 찾지 아니하시나이까?
우리는 덤불 속으로 떨어져
옴짝달싹 못하고 있어
우리의 울음소리는
폭풍 속에서
가늘어지고 있나이다.

목자이신 주여,
우리가 여기 있나이다.
양 무리에서 멀리 떨어져
여기에 있사오나
주는 우리를 찾지 아니하시나이까?

선한 목자시여,
우리를 찾아 주소서!
우리가 이 밤중에 떨고 있사오니
샅샅이 뒤져 주소서!
아침까지 못 견딜 것 같나이다!
자비하신 주여,
주는 우리를 찾지 아니하시나이까?
주는 선한 목자시라!
주는 한 마리 양 잃는 것을
못 견디시도다!
주는 한밤중에라도
우리를 찾으시리로다!

탄식 시편 44

나를 도우러 오소서, 주여.
그들은 나에게
어떻게 애통해야 하는지
가르치려 드나이다.
나를 내버려 두라고
그들에게 말씀하소서.
나는 아무도 보고 싶지 아니하나이다.
나는 그저 나의 흔들의자에 앉아
흔들거리며 있기를 바라나이다.
나는 설명하고 싶지 아니하나이다.
나는 말하고 싶지 아니하나이다.
나는 혼자 있고 싶나이다!

주여,
주의 백성들이
나를 위로하려 드오나,
어떤 위로도 소용없다고
그들에게 말씀해 주소서.
그들은 나에게
용기를 북돋아 주려 하오나,
아무것도 나의 기운을
북돋아 주는 게 없다고

그들에게 말씀해 주소서.
나의 이름을
라헬이라 부르라고
그들에게 말씀해 주소서.
나 혼자 있도록 내버려 두라고
그들에게 말씀해 주소서.
이 세상의 어떤 것도
나를 도와줄 수 있는 게 없다고
그들에게 말씀해 주소서.

그들이 가고 나면
주여,
나에게 와 주소서!
주께서 안 계시면,
나는 시들어 죽게 될 것이니이다.
지금
내가 할 수 있는 전부는
가만히 앉아 기다리는 것이니이다.
나를 홀로 내버려 두지 마소서,
거룩하신 주여,
나를 홀로 내버려 두지 마소서.

나의 하나님,
주는
나의 희망이시니이다.
주는
내 삶의
상속 받은 선물이시니이다.
주는 언제나
내 머리 위에
은혜를 부어 주셨나이다.
나는 주를 기다리오니,
주께서 오셔서
나와 함께 눈물 흘리실 줄을
내가 아오니이다.

탄식 시편 45

주여, 들으소서!
나는 밧줄 끝에 있나이다!
나는 절벽 끝에 있나이다!
나는 폭풍의 눈 가운데 있나이다!
나는 떨어지기 직전에 있나이다!

주여,
주는 나를 죽도록
내버려 두실 것이니이까?

주여,
나의 꿈은 사라졌나이다.
하나씩 하나씩
죽어 파묻혀
영원히 사라져 버렸나이다.
그것들과 함께
나도 파묻으려 하시나이까?
꿈을 잃으면
그 꿈을 꾸던 자도
그 꿈과 함께 죽는 것이니이까?

주여, 주여, 주여,

나의 기도에
귀 기울여 주소서.
파멸해 가는 자들 사이에서
나를 찾아 주시고
불 가운데서
나를 잡아 꺼내 주소서.

신실하신 주여,
주는
우리의 기도를 들으시고
사망의 아귀에서
우리를 건져 주시나이다.
아무것도
우리를 주에게서
끊을 수 없으리이다.

탄식 시편 46

주여,
나는 고통의 빵을 한가득 먹었나이다.
왜 주께서는 나에게 내 몫보다 더 많은 것을 주시나이까?
창공에 달이 걸린 것처럼
슬픔이 내 마음에 걸려 있고,
절망이 숄처럼
내 어깨 위를 덮고 있나이다.
나의 영원한 동반자인 듯
나는 공포와 함께 늙어 가야 하는 것이니이까?

주여!
이제 됐나이다!
충분하나이다!
재앙을 멈춰 주시고
나를 보내 주소서!
나에게서 이 접시를
멀리 물려 주소서!
더 이상은 아니 되나이다!
결코 더 이상은 아니 되나이다!
대신
나를 주의 친절한 마음이 깃든
그늘에 앉히시고

주의 발치에서
복이 풍성하게 담긴
시원한 과일 주스 한 잔을
들이키게 하소서.
주여,
손을 들어
그렇게 될지어다
말씀하소서.
목소리를 발하시면
밤이 변하여 낮이 되겠고,
나는 거룩한 주의 말씀 안에서
평안을 누리게 되리이다.

탄식 시편 47

거룩하신 주여,
나는 주의 텅 빈 식탁에 앉아
먹여 주실 것을 간구하고 있나이다.
그러나 거기에는
빵도 없고,
포도주도 없고,
사제도 없나이다.
나를 목양해 줄 사람이
아무도 없는 것이니이까?
상한 마음과
상처 입은 영혼을 위한
식탁은
아무 데도 없는 것이니이까?
믿는 자라면
누구든지 초대하신 것 아니니이까?
나는 믿나이다.
주여,
나는 믿나이다.
식탁이 텅 비어 있음에도 불구하고,
나는 믿나이다.
주를 기다리고 있는 나를
비웃는 사람들이 있음에도 불구하고,

나는 밀나이다.
내 얼굴에 대고 소리 지르는 사람들에게
반박할 수 있는 증거가 있음에도 불구하고,
나는 주의 텅 빈 식탁에 서서
주께서 오시기까지 기다릴 것이오니,
주는 두 팔에 한가득
빵과 포도주를 안고
걸어오시리이다.
거룩하신 주여,
오셔서
나를 먹여 주소서.

탄식 시편 48

주여,

나는 우울하나이다.

이 슬픔의 끝이 보이질 아니하나이다.

사람들은 나에게

"모든 것이 괜찮아질 것이오"라고 말하오나,

그렇지 아니하나이다.

그렇게 되지 아니할 것이니이다.

그들은 사도 바울의 말을 인용하여

나에게 말하기를

"하나님을 사랑하는 자에게는

모든 것이 합력하여 선을 이루느니라"라고 하나이다.

내가 주를 사랑하지 아니하였나이까?

주여,

내가 주의 거룩한 집에서

자라나지 아니하였나이까?

내가 주의 말씀을 외우고

주께 찬송의 노래를 부르지 아니하였나이까?

내가 주 앞에 엎드리지 아니하였나이까?

이것이

내가 지금 하고 있는 것이 아니니이까?

이 지긋지긋한 고통으로부터

선한 것이 나올 거라고
아무도 나에게 말할 수 없나이다!
그렇게 말하는 것이
그들의 마음을 편하게 한다면
그냥 그렇게 말하도록 내버려 두소서!
그러나
나는 그들의 말을 듣고 싶지 아니하나이다!
나는 내가 겪어 온 것을 알고 있나이다.
죽음이
나의 집 복도를 걷도록 하는 것이
무엇인지 나는 아나이다.
이미 벌어진 일은
돌이킬 수 없나이다.
이미 벌어진 일은
예쁘게 꾸며질 수 없나이다.
그러나 주께서는
뒤따라오는 충격을 멈출 수 있나이다.

주여,
어둠을 뚫고 오셔서
오랫동안 주의 뒤에 버려져 있던 자를
구원해 주소서.

거룩하신 주여,
고통의 무덤에서
나올 수 있도록
나를 도우소서.
이 반복되는 고통을 멈추어 주시고
평화가 깃든 주의 거룩함 안에
내가 살도록 허락하소서.

주여,
오직 주만이 거룩하시나이다.
주의 의로움 안에서
나는 거룩한 곳을 찾게 되리이다.
나의 잔이 넘치나이다!

탄식 시편 49

주여,
아들이 나를 필요로 할 때
나는 거기에 없었나이다.
왜 주께서는 내가
거기에 있도록 허락하지 아니하셨나이까?
아들이 사망의 음침한 골짜기를 지나 걸어갈 때,
그가 끔찍한 고통 가운데 있을 때에
나는 그가 공포의 어둠에 맞서도록
잡아 주기 위하여
그를 위로하기 위하여
거기에 있지 아니하였나이다.
주여,
주께서는 나에게 그것을 허락하셨어야 했나이다!
주께서는 내가 나의 아들과 함께 있도록
허락하셨어야 했나이다.

주께서 내 이름을 부르셨을 때에
내가 가지 아니하였나이까?
그리고 내가 머물러 있지 아니하였나이까?
주의 진리를 찾는 삶을
내가 살지 아니하였나이까?
주여,

그날 밤
우리의 언약은 어디에 있었나이까?
주님,
주님은 어디에 계셨나이까?
신비하신 주여,
이것은 어떤 의미이니이까?
나의 이 모든 고통은
무슨 의미이니이까?

나의 눈물에서
무슨 선한 것이 나오리이까?
그가 죽었는데
무엇이 더 좋은 것이니이까?
나는 울고 있는데
무엇이 더 좋은 것이니이까?
세상은 여전히
주의 눈에 침을 뱉고 있나이다.

거룩하신 주여,
이것은 나의 기도이오니이다.
이해를 넘어서는
평안을 주소서.

아들이 죽을 때
거기에 주께서 계셨다는
확신을 주소서.
지금 여기에
주께서 나와 함께 계시다는
확신을 주소서.

주여,
주는 신비한 능력으로
바다가 풍랑을 일으키게 하시고
불가사리가 해변으로 쓸려 나오도록 하시나이다.
나의 아들은
하늘의 심장에서 살고 있고
나는 땅의 심장에서 살고 있사오니,
우리는 모두
하나님의 심장 안에서 살고 있나이다.

탄식 시편 50

주여,
나는 지금 숯불 위를 걷고 있나이다!
나의 발은 화상을 입어
물집이 잡혀 있사오나,
주께서는
나의 불타는 지옥으로
오지 아니하시나이다.

나는 사막에서 길을 잃고 헤매고 있나이다!
내 눈에는 모래만 보이고
눈에는 눈물이 흐르고
눈은 따갑사오나,
주께서는
내 눈이 회복하도록 만지시기 위하여
오고 있지 아니하시나이다.

내가 침묵 가운데 계신 주께 기도하오며,
내가 지금 여기에 계시지 아니한 창조주께 머리를 숙이나이다.
주께서 여기에 계시지 아니하시고 듣지 아니하시는데
나의 시편은 무슨 소용이 있는 것이오니이까?
내가 주의 성전에서 탄식하며
내 눈의 눈물과 섞인 주의 눈물을 느끼기를

갈망하오나,
내 얼굴에 뜨겁게 흘러내리는 눈물은
오직 나의 눈물뿐이오니이다.
주여,
주는 땅의 골짜기를 걷지 아니하시고
하늘의 복도를 걷는 것이오니이까?

주여,
나의 아픔을 씻어 달라고
부탁하지 아니하오리이다.
내 마음에 통렬하게 새겨진 기억을 지워 달라고
부탁하지 아니하오리이다.
나와 함께 불타는 숯불 위에 서 달라고
부탁하오니이다.
사막 한가운데 홀로
길을 잃고 헤매는 일이 없도록 해 달라고
부탁하오니이다.

사랑의 주여,
주는 하늘을 갈라 빛을 들이시는
새벽별이시니이다.
주는 나의 찬송이시니이다!

옮기고 나서

　러시아의 문호, 안톤 체호프의 「슬픔」이라는 단편 소설이 있다. 주인공은 마부 이오나다. 이오나는 얼마 전 아들을 잃었다. 그러나 그에게 그 사건 자체가 어떤 긴장을 만들어 내는 건 아니다. 그는 사흘 동안 병원에 누워 있다 떠난 아들의 죽음을 '주님의 뜻'으로 돌린다. 물론 이것은 신앙고백적 차원이라기보다 아들의 허무한 죽음에 대한 아픔의 표현일 것이다. 그렇게라도 말하지 않으면 허무하게 먼저 세상을 떠난 아들의 죽음을 이해할 수 없기 때문이다.

　마부 이오나는 아들의 죽음에 대해 사람들과 대화를 나누고 싶어 한다. 혼자서 죽은 아들을 생각하는 일은 끔찍한 일이지만, 누군가와 아들의 죽음에 대해 이야기 나누는 것은 그나마 위로가 된다고 생각한다. 그래서 그는 마차를 탄 손님들에게 자신의 아들의 죽음에 대해 이야기를 나누려 한다. 그러나 아무도 그의 이야기를 들어 주지 않는다. 바로 여기서 긴장이 생겨난다. 자신의 아픔을 나누고 싶어 하는 아버지의 애달픈 마음과 그것을 들으려 하지 않는 무관심한 사람들의 마음 사이에 묘한 긴장이 흐른다. 이제 긴장은 아들이 죽은 사건에서 오는 것이 아니라, 말하려는 사람과 듣지 않으려는 사람 사이에서 온다.

체호프가 이 소설에서 주목하고 있는 것은 '이미 일어난 사건이 아니라, 그 사건을 견디는 인간의 모습'이다. 일어난 사건의 피해자는 이미 일어난 사건에 대해서 어찌하지 못한다. 그것이 가장 큰 슬픔으로 다가온다. 다만 피해자는 그 사건에 대한 자신의 슬픔을 말하고 싶어 한다. 혼자 생각하면 끔찍하니까 누군가와 함께 그 슬픔에 대해서 말하려고 한다. 그것은 인간 내면에 존재하는 '회복'의 메커니즘이다. 이오나는 혼잣말로 이렇게 속삭인다. "혼자 있을 때는 아들에 대해서 생각할 수가 없다……. 누군가와 이야기할 때에는 아들 생각을 할 수 있지만, 혼자서 생각하거나 아들 모습을 떠올리는 것은 견딜 수 없이 두렵다……."

자신이 가진 아픔을 이야기하는 일은 쉬운 일이 아니다. 아픔을 겪어 보지 않은 이들은 아픔을 표현하는 일이 뭐가 그렇게 어렵냐고 할지 모르지만, 아픔을 말하는 것 자체가 고통이다. 특별히 자식을 잃은 사람이 가진 아픔은 '고통'이라는 말로도 표현이 되지 않을 만큼 고통스럽다. 그래서 소설가 박완서는 자식을 잃은 아픔을 '참척의 고통'이라고 표현했다. 참혹한 슬픔, 참혹한 고통이라는 뜻이다. 표현 자체가 참혹하다.

나는 성경을 읽을 때마다 목에 걸리는 장면이 있다. 마태복음 2장에 나오는 이야기가 그렇다. 베들레헴에서 태어난 예수는 동방박사의 방문을 받고 경배를 받지만, 곧바로 이어지는 이야기는 매우 참혹하다. 헤롯이 예수를 죽이기 위해 명령을 내리는데, 동방박사들이 갓 태어난 예수를 방문한 시점을 기준으로 하여 '두 살부터 그 아래로' 태어난 아기들을 모두 죽이는 이야기가 나온다. 사실 우리는 예수의 탄생 이야기와 동방박사 이야기에 집중하느라, 예수의 탄생 때문에 비참하게 죽어 간 아이들에게는 관심을 두지 않는다. 그 아이들은 아무런 영문도 모른 채 죽었다. 그리고 영문도 모른 채 아이를 잃은 부모는 슬퍼하며 통곡했다. 감사하게도 마태가 그 사건에 대하여 애도를 표하고 있다. "라마에서 슬퍼하며 크게 통곡하는 소리가 들리니 라헬이 그 자식을 위하여 애곡하는 것이라. 그가 자식이 없으므로 위로 받기를 거절하였도다"(마 2:18).

우리는 예수가 자신 때문에 죽어 간 아이들의 죽음을 기억하며 살았는지에 대한 기록을 가지고 있지 않다. 예수는 죄책감을 느꼈을까. 예수는 평생 그 아이들에 대하여 빚진 마음을 가지고 살았을까. 예수는 그 아이들의 죽음을 어떻게 애도했고 자식을 잃은 부모들을 어떻게 위로했을까. 우리는 알지 못한다. 다만 우리가 아는 것은 예수가 '세상 죄를 지고 가는 어린양'으로 십자가에 달려 죽었다는 것이다. 그리고 사흘 만에 부활했다는 것이다.

윤동주의 고백처럼 예수가 "허락된 십자가에 모가지를 드리우고 꽃처럼 피어나는 피를 행복하게 흘"렸다면, 예수의 죽음에는 분명 자신 때문에 허무하게 죽어 간 어린아이들에 대한 부채의식이 들어 있었을 것이다. 죽음을 죽음으로 갚은 것이다. 그러나 예수의 죽음은 단순한 죽음이 아니었다. 그 아이들의 죽음을 애도하는 죽음일 뿐 아니라 그 아이들의 죽음을 구원하는 죽음이었다.

그렇기에 우리는 예수의 죽음을 기억하면서 "다시는 사망이 없고 애통하는 것이나 곡하는 것이나 아픈 것이 다시는 있지 아니한" 하나님 나라를 소망할 수 있는 것이다.

누가 아들을 잃은 이오나의 슬픈 마음을 위로해 줄 수 있을까. 누가 예수 때문에 아이를 잃은 부모의 아픈 마음을 위로해 줄 수 있을까. 누가 불의의 사고로, 질병으로, 또는 천재지변으로 자식을 잃은 엄마와 아빠의 마음을 위로해 줄 수 있을까. 앤 윔즈의 시편을 번역하면서 내내 마음이 아팠다. 월터 브루그만이 윔즈에게 "라헬이 위로 받게 될까요?"라고 물었을 때 윔즈는 "아니오, 아니요. 라헬은 위로 받지 못할 겁니다. 지금 여기에서는 위로 받지 못할 거예요. 오직 하나님이 그녀의 눈에서 눈물을 닦아 주실 때에만 라헬은 위로 받을 수 있을 겁니다"라고 대답하는 장면에서, 나는 잠시 멈추어 숨을 골라야만 했다.

성경에 탄식시가 존재한다는 것은 다행이고 축복이다. 우리는 성경의 탄식시를 통해서, 월터 브루그만이 간략히 설명한 것처럼, 이 땅에서 결코 해소될 수 없는 아픔을 하나님에게 탄식하는 법을 배울 수 있기 때문이다. 이것은 아픔을 당해 탄식하는 이들뿐만 아니라 탄식을 들으며 옆에서 위로해야 할 이들도 배워야 하는 최고의 '저항의 영성'이다. 그리고 무엇보다 우리는, 이스라엘의 시인들이 가르쳐 주고 있듯이, 이 세상에서 발생하는 불의한 일들에 대한 책임을 우리 자신에게 돌리는 것이 아니라 하나님께 그 책임을 전가하는 법을 배워야 한다. 이것은 불경한 행동이 아니라 하나님과 대면하여 이 땅에서는 해결할 수 없는 슬픔을 달래기 위한 처절한 몸부림이다.

이 책이 출간되어 나오기까지 참으로 오랜 시간이 걸렸다. 우여곡절 끝에 책은 출간되었지만, 아직 밝혀지지 않은 진실들이 많은 세상에 우리는 살고 있다. 참척의 고통 가운데 있는 이들의 마음을 위로해 줄 수 있는 것은 오직 진실뿐이다. 진리에 직면하면 인간은 비로소 모든 것을 받아들이게 된다. "진리를 알지니 진리가 너희를 자유롭게 하리라"(요 8:32). 예수의 부활이 예수 때문에 죽임을 당한 아이들과 그 부모들을 신원하여 준 것처럼, 고통 속에 신음하는 이 세상의 모든 이들이 진실을 알고 진리를 발견하여 그 고통에서 하루 빨리 놓임을 받게 되기를 소망한다. 이 소망을 이루어 가기 위해 내놓은 이 책이 작은 힘이 될 수만 있다면, 애통하는 자들에게 빚진 마음을 조금이나마 덜어 낼 수 있을 것이다. 이 일을 위해 기도해 주고 동참해 준 모든 이들과 오랜 바람을 이루어 주신 '바람이 불어오는 곳' 대표께 감사드린다.

우는 자들과 그 우는 자들과 함께 우는 자들에게 이 책이 또 하나의 눈물과 우정이 되기를!

2022년 5월,
슬픔 많은 이 땅 한 켠에서
장준식

슬픔의 노래

세상의 모든 라헬을 위한 시편

초판 1쇄 인쇄 2022년 6월 7일
초판 1쇄 발행 2022년 6월 20일

지은이 앤 윔즈
옮긴이 장준식
펴낸이 박명준

편집   박명준   펴낸곳 바람이 불어오는 곳
디자인 김진성   출판등록 2013년 4월 1일 제2013-000024호
제작   공간   주소 03309 서울 은평구 연서로 44길 7, 422-902
                         전자우편 bombaram.book@gmail.com
                         문의전화 010-6353-9330   팩스 050-4323-9330

ISBN 979-11-91887-04-4 03230

바람이불어오는곳 은
교회 안과 밖 사람들의 신앙 여정을 담은 즐거운 책을 만듭니다.

🅕 🅞 bombaram.book